Hans-Werner Klünner

Spandau/Siemensstadt – so wie sie waren

Hans-Werner Klünner

SPANDAU und SIEMENSSTADT

so wie sie waren

Droste Verlag Düsseldorf

Redaktion und Layout: Kitty Rehmer

Gesamtherstellung: Rheinisch-Bergische Druckerei
GmbH & Co. KG, Düsseldorf
ISBN 3-7700-0504-X

Luftbild der Altstadt von Süden her, um 1930. Im oberen Teil des Bildes sieht man jenseits des Mühlengrabens die Anlagen der neuen Moritzkaserne und rechts die evangelische Garnisonkirche, die am 4. Oktober 1949 gesprengt wurde. Hier erstrecken sich jetzt Altstädter Ring, Falkenseer Platz und Neuendorfer Straße. Rechts unten im Bild die Havel mit der jetzt auch veränderten Spreemündung. Darüber, am Lindenufer, die erst 1977 abgebrochene ehemalige Kaserne. Gut erkennt man auch die längst verschwundenen Häuser an der Havelstraße und an der Südseite des Behnitz

Spandau ist einer der ältesten Orte des Havellandes und der Mark Brandenburg. Als Sitz eines markgräflichen Vogtes wird es bereits 1197 genannt, und als Stadt erscheint es erstmals in der Urkunde vom 7. März 1232. Es ist also mit dem 1209 erwähnten Köpenick die älteste urkundlich belegte Ansiedlung im Raum des heutigen Berlin. Wir wissen heute mit Sicherheit, daß die Orte Spandau, Köpenick, Cölln und Berlin älter sind als ihre ersten urkundlichen Erwähnungen. Der Spaten der Archäologen hat in den letzten Jahrzehnten im Berliner Raum vieles wieder ans Licht gebracht, was die Kenntnisse der Frühgeschichte unserer Heimat erweitert oder sie gar in ein ganz neues Licht taucht.

Die umfangreichen Grabungen auf dem Spandauer Burgwall, im Palas der Zitadelle und an einzelnen Punkten der Altstadt haben die Existenz mehrerer Siedlungen im Spandauer Raum erwiesen; man weiß, daß am Ende des 12. Jahrhunderts Slawen und Deutsche hier benachbart zusammenlebten. Professor Dr. Adriaan von Müller, Direktor des Museums für Vor- und Frühgeschichte, Stiftung Preußischer Kulturbesitz und staatlicher Vertrauensmann für die Bodenaltertümer des Landes Berlin, hat in seiner 1975 vom Heimatmuseum Spandau herausgegebenen Schrift »Wo lag Alt-Spandau?« über den Stand der archäologisch-historischen Forschung berichtet. Wir zitieren hier aus der Zusammenfassung: »Aus einer unbefestigten slawischen Siedlung des 7. Jahrhunderts entwickelt sich im 8. Jahrhundert ein früher befestigter Adelssitz mit einer daneben liegenden befestigten frühstädtischen Siedlung. Diese wird nach ihrer Zerstörung für kurze Zeit aufgegeben, im ausgehenden 10. Jahrhundert aber im Schutze der noch immer vorhandenen Burg erneuert. Sie gewinnt als Handwerker- und Kaufmannsniederlassung an einem günstigen Havelübergang, den anscheinend auch die alte Handelsstraße Magdeburg–Lebus benutzt, zunehmend an Bedeutung. Auch die askanischen Markgrafen des 12. Jahrhunderts maßen diesem Platz zunächst so große Bedeutung bei, daß sie die Burg noch einmal nach 1157 umbauten und erneuerten. Doch wohl schon nach 1170 lassen sich abseits der damaligen Stadt Spandau (auf dem Gelände des Burgwalles gelegen) deutsche

Kaufleute etwa zwei Kilometer havelaufwärts auf einer größeren und höher aus der Havelniederung herausragenden Insel nieder. Sie gründen eine Nikolai-Siedlung. Etwa zu gleicher Zeit beginnen die Markgrafen auf der Nordspitze dieser gleichen Insel, auf dem Gelände einer slawischen Siedlung, deren Rest als slawisches Dorf Behns weiterbesteht, mit dem Bau einer neuen Burg. Noch vor 1200 muß der Umzug von der alten Burg auf dem Burgwall in die neue Burg auf dem Gelände der Zitadelle erfolgt sein. Auch die Alt-Spandauer Bürger verlassen zu diesem Zeitpunkt ihre Häuser auf dem Burgwall und scheinen sich, zum Teil jedenfalls, in dem weitläufigen Gebiet der heutigen Altstadt anzusiedeln. Spätestens um 1200 erfolgt dort eine erste einfache Stadtbefestigung, um 1240 wird sie erneuert und teilweise verstärkt, wobei die zu diesem Zeitpunkt durch Brand zerstörte älteste Nikolai-Siedlung von der neuen Stadtmauer überbaut wird. Die Nikolaikirche steht wohl etwa 80 Jahre außerhalb der Stadt. Burg und Stadt werden nach 1232 durch einen neuen Haveldurchstich voneinander getrennt. Seit 1240 gehört der Behnitz zur Stadt, beide werden aber erst um 1320 durch die Stadtmauer enger verbunden.«

Diese Erkenntnisse werfen alles bisher Gewußte über den Haufen. Das schöne Oval der Altstadt, bisher für eine typisch deutsche Anlage der Kolonisationszeit um 1200 gehalten, ist also erst um 1320 durch den Bau der Stadtmauer um mehrere Siedlungen herum entstanden, und die schon 1240 erwähnte »Marktkirche« stand sogar außerhalb der Stadt. Schließlich reicht auch der Juliusturm nicht in die Zeit Albrecht des Bären zurück.

Spandau geriet bald nach seiner Gründung in den Schatten von Berlin-Cölln und hat sich nur langsam entwickelt. Aber es hatte vor anderen märkischen Städten den Vorzug der markgräflichen Burg, und wir wissen, daß sich die Fürsten hier besonders oft und wahrscheinlich auch gern aufhielten. Die Burg wurde im 14. Jahrhundert zum Schloß erweitert, und Kurfürst Joachim II. begann ihren Umbau zur Festung, die unter seinem Sohn Johann Georg durch Rochus von Lynar vollendet wurde. Fortan war Spandau ein Gefangener dieser Festung – vom Bau der Verschanzungen um die Stadt während des Dreißigjährigen Krieges, über das 18. Jahrhundert, und besonders während der Napoleonischen Kriege. Im Schutz der Festung lagen die ersten Waffenfabriken und diese waren wieder der Grund für die Neubefestigung in den Jahren 1876–1879. Aus dieser im liberalen 19. Jahrhundert lästig gewordenen Zwangsjacke wurde Spandau endlich 1903 erlöst.

Die Stadt war nicht nur durch ihren Festungscharakter, sondern auch durch ihre geographische Lage lange Zeit von Berlin getrennt und konnte sich so eine gewisse Unabhängigkeit von den Einflüssen der Hauptstadt bewahren. Das Wachstum Berlins – seit 1871 zogen etwa 30000 Menschen pro Jahr in die deutsche Hauptstadt – griff bald auf die Vororte über, die zu Städten wurden und wiederum ihren Nachbarorten entgegenwuchsen. Es ist daher kein Wunder, daß die Politik des Spandauer Magistrats unter der zielbewußten Leitung des Oberbürgermeisters Friedrich Koeltze den Anschluß an Berlin bewirken mußte. Das war allerdings nicht das Ziel seiner Politik, sondern er wollte vielmehr eine schöne, gesunde, finanziell leistungsfähige und vor allem unabhängige Stadt haben. Aus dem Kreis Ost-Havelland hatte sich Spandau verwaltungsmäßig seit 1887 gelöst, es war gegen Zahlung einer Entschädigung »kreisfrei« geworden. Die Industrie war ursprünglich in Spandau nur einseitig durch die militärfiskalischen Fabriken vertreten, die keine Steuern zahlten und somit nichts zur kommunalen Entwicklung beitrugen. (1906 erst war es dem Magistrat gelungen, eine jährliche Ausgleichszahlung für den Steuerausfall zu erhalten.) Koeltze gelang es, die Ansiedlung der steuerzahlenden Privatindustrie in Spandau zu forcieren, wobei er den größten Erfolg unstreitig mit den Siemenswerken hatte, die bald einen eigenen Stadtteil für sich bildeten. Sie lagen zwar einige Kilometer von Spandau entfernt, konnten aber 1910 durch die Eingemeindungen der dazwischenliegenden Gebiete verwaltungsmäßig mit der Mutterstadt verbunden werden. Diese »Ostpolitik« Spandaus, wie sie Arne Hengsbach in einer Abhandlung treffend nannte, bewirkte auch eine räumliche Annäherung an das wachsende Berlin, die dazu führte, daß Spandau gegen den Willen seiner »Oberen« 1912 in den »Zweckverband Groß-Berlin« hinein mußte und infolgedessen auch der Eingemeindung in Berlin nicht entgehen konnte.

Die Zwangsbewirtschaftungsmaßnahmen während des Ersten Weltkrieges und andere offenkundig werdende Mißstände förderten den Gedanken der Einheitsgemeinde so sehr, daß 1919 die Preußische Staatsregierung der Verfassunggebenden Landesversammlung den Entwurf für ein »Gesetz über die Bildung einer neuen Stadtgemeinde Berlin« vorlegte, das mit der knappen Mehrheit der Linksparteien am 27. April 1920 angenommen wurde. Durch dieses Gesetz wurden mit Wirkung vom 1. Oktober 1920 8 Städte, 59 Landgemeinden und 27 Gutsbezirke zu einer Gemeinde zusammengefaßt, die sich in 20 Verwaltungsbezirke gliederte.

Am 20. Juni 1920 fanden die Wahlen für die neue Stadtverordnetenversammlung und die Bezirksversammlungen statt. Da das Ende der Monarchie die Abschaffung des auch für die Gemeindewahlen angewendeten konservativen Dreiklassenwahlrechtes brachte, waren für die Zukunft in den Gemeindevertretungen ganz andere politische Mehrheiten zu erwarten als vorher. Die 40 Spandauer Bezirksverordneten bestanden aus 13 Mitgliedern der Unabhängigen Sozialdemokraten (USPD), 9 Sozialdemokraten (SPD), 7 der Deutschnationalen Volkspartei (DNVP), 6 der Deutschen Volkspartei (DVP), 3 der Deutschen Demokratischen Partei (DDP) und 2 der Zentrumspartei. Die Bezirksversammlung trat am 24. November 1920 erstmals zusammen. Zum Bürgermeister wählte sie den Rechtsanwalt Martin Stritte, der bereits seit 1908 dem alten Magistrat angehört hatte. Dieser und die besoldeten Stadträte wurden auf die Dauer von zwölf Jahren gewählt. Die Amtseinführung des Bürgermeisters durch den Oberbürgermeister Böß war am 27. April

1921; bis dahin hatte der alte Magistrat unter der Leitung des früheren Spandauer Oberbürgermeisters Dr. Woelck noch die Geschäfte geführt.
Die Gemeindewahlen vom 20. Juni 1920 wurden durch die Rechtsparteien angefochten und daraufhin am 16. Juni 1921 für ungültig erklärt, so daß am 16. Oktober 1921 Neuwahlen stattfinden mußten. Hierbei erhielt die SPD 12 Sitze, die USPD 6, die DNVP 5, die Deutsche Soziale Partei 5, die DVP 4, die DDP 3, die Zentrumspartei 2, die Kommunistische Partei 2 und die Wirtschaftspartei 1 Sitz. Die neue Zusammensetzung der Bezirksversammlung brachte einige Neubesetzungen bei den unbesoldeten Stadträten, worunter für die SPD der Werkzeugmacher Gottlob Münsinger war. Nach Ablauf der vierjährigen Amtszeit fanden am 25. Oktober 1925 die Neuwahlen statt, die keine großen Veränderungen brachten. Die 40 Bezirksverordneten setzten sich wie folgt zusammen: SPD 17, DNVP 10, DVP 2, KPD 5, DDP 2, Wirtschaftspartei 2 und Zentrum 2 Sitze. Die folgenden Jahre brachten dann den Aufschwung der NSDAP, der sich bei der Wahl am 17. November 1929 in Spandau deutlich zeigte. Die 39 Bezirksverordneten bestanden danach aus 18 der NSDAP, 10 der SPD, 5 der Kampffront Schwarz-Weiß-Rot, 5 der KPD und 1 des Zentrums. Es sollte die letzte demokratische Wahl gewesen sein, denn durch Verordnung des Preußischen Staatsministeriums vom 4. Februar 1933 wurden die Vertretungskörperschaften der Gemeinden aufgelöst. Die unter terroristischem Druck stehenden Neuwahlen vom 12. März brachten der NSDAP 22 Sitze, der SPD 11 Sitze, der Kampffront 5 Sitze und dem Zentrum 1 Sitz. Die Stimmen für die KPD wurden nicht berücksichtigt und die SPD durch eine Verordnung vom 7. Juli 1933 ebenfalls von der Mitwirkung an der Verwaltung ausgeschlossen. Dem Bürgermeister Stritte wurde ein Staatskommissar in Gestalt des Stadtamtmannes Busse zur Seite gestellt, der die Amtsgeschäfte zu kontrollieren hatte, ob sie im Sinne der neuen Herren durchgeführt wurden. Am 29. Juli 1933 wurde der kommissarische Bürgermeister Harrer eingesetzt und mit Wirkung vom 29. Juni 1934 endgültig bestätigt.
Nach dem Zusammenbruch des Hitlerreiches setzte der sowjetische Stadtkommandant im Mai Dr. Richard Münch zum Bürgermeister von Spandau ein. (Auch Dr. Münch, † 1968, war von 1922 bis 1934 besoldeter Stadtrat in Spandau.) Die ersten demokratischen Nachkriegswahlen in Berlin fanden am 20. Oktober 1946 statt. Die wieder aus 40 Mitgliedern bestehende Bezirksverordnetenversammlung setzte sich danach aus 23 Mitgliedern der SPD, 9 der CDU, 4 der LDP und 4 der SED zusammen. Zum Bezirksbürgermeister wurde Gottlob Münsinger († 1949) gewählt, der, wie schon erwähnt, seit 1922 unbesoldeter und von 1927 bis 1933 besoldeter Stadtrat in Spandau war. Auch seine Nachfolger im Amt des Bürgermeisters wurden bis jetzt von der SPD, als stärkster Partei in der Bezirksversammlung, gestellt.
Die Ablehnung der Eingliederung Spandaus in ein größeres Berlin war Anfang der zwanziger Jahre in weiten Kreisen lebendig und zeigte sich am stärksten in der »Los-von-Berlin-Bewegung«. Allen jenen sprach Friedrich Koeltze sicher aus dem Herzen, als er am Schluß einer Betrachtung über sein Wirken für die Stadt in der Festschrift der »Spandauer Zeitung« zum 700jährigen Jubiläum der Stadt noch 1932 nachstehende Zeilen schrieb: »Ich hoffe und wünsche, daß das Gebilde von Groß-Berlin einmal wieder auseinanderfällt und die Stadt Spandau zu neuem Leben erwacht.« Die Spandauer werden heute nicht gram darüber sein, daß Koeltzes Wunsch nicht in Erfüllung ging.
Die Stadt Spandau hatte 1920 95513 Einwohner. Mit den Landgemeinden, Gutsbezirken und Gutsbezirksanteilen Staaken, Tiefwerder, Pichelsdorf, Gatow, Kladow, Spandauer Zitadelle, Pichelswerder und Heerstraße kam der neue Verwaltungsbezirk auf 104360 Einwohner. Da Spandau über große, für den Wohnungsbau geeignete und auch benutzte Freiflächen verfügt, stieg die Bevölkerung bis 1933 auf 146472 und bis 1939 auf 170384 Menschen an. Kriegsverluste, Evakuierungen und Wegzüge infolge Wohnungsverlust ließen die Einwohnerschaft nach dem Krieg auf 159599 im Jahre 1946 absinken. Der nach 1950 einsetzende Wohnungsbau machte Spandau zum bevorzugten Zuzugsgebiet aus der trotz Kriegsschäden immer noch übervölkerten Innenstadt, so daß die Einwohnerzahl im November 1975 auf über 200000 angestiegen war.

★

Geheimer Regierungsrat Friedrich Koeltze (1852–1939), von 1886 bis 1919 Bürgermeister und Oberbürgermeister der Stadt Spandau. Nach dem Gemälde von Conrad Kiesel aus dem Jahre 1911 im Rathaus

Der Bahnhof Spandau der Berlin-Hamburger Bahn vor der Hochlegung der Gleise, um 1900. Im Hintergrund die Gebäude und Schornsteine der Geschützgießerei und der Artilleriewerkstatt

Dieses Buch ist keine Geschichte Spandaus. Es will seine Leser anhand der Bilder und des sie begleitenden Textes, die nicht nach einem chronologischen Ablauf geordnet sind, sondern im Sinne eines Spazierganges, durch die Altstadt, die Vorstädte, die Siemensstadt und die seit 1920 dazugekommenen Dörfer oder »Landgemeinden«, also durch den ganzen Bezirk Spandau begleiten.

★

Vor und noch viele Jahre nach dem Ersten Weltkrieg erreichte man Spandau von Berlin aus am schnellsten und bequemsten mit der Vorortbahn bis Spandau Hauptbahnhof oder seit 1910 bis Spandau West. Die Stadt war früher weniger ein Ausflugsziel als vielmehr der Ausgangspunkt für Wanderungen und Fahrten in ihre nähere und weitere Umgebung. Die St.-Nikolai-Kirche und die Zitadelle sind erst nach dem Zweiten Weltkrieg zu Hauptsehenswürdigkeiten geworden. (Bis 1945 war die Zitadelle wegen ihrer militärischen Nutzung nur einem kleinen Personenkreis zugänglich.)

Der Hauptbahnhof Spandau liegt an der »Freiheit« auf dem Stresow. Diese östliche Vorstadt Spandaus wurde in ihrem größeren Teil von den Militärwerkstätten eingenommen, und nur an ihrer Westseite, zur Havel zu, erstreckt sich ein durch die Gleise der Hamburger und Lehrter Bahn sehr zerschnittenes Wohnviertel. Die Hochlegung des Bahnkörpers in den Jahren 1906 bis 1911 brachte nicht nur erhebliche Verbesserungen des Straßenverkehrs durch den Wegfall der niveaugleichen Schienenübergänge mit sich, sondern auch für die Schiffahrt auf der Havel, da der oft tagelange Stau an den niedrigen Drehbrücken entfiel.

Der Stresowplatz mit der Garde-Fuß-Artillerie-Kaserne, etwa 1914

Blick aus einem Hinterhaus an der Plantage nach Westen auf die alte Eisenbahnbrücke über die Havel. Die Aufnahme entstand kurz vor dem Abbruch im Jahre 1905

Die Plantage auf dem Stresow mit der Gedenksäule für die Gefallenen der Kriege von 1864, 1866 und 1870/71. Hier war vor dem Ersten Weltkrieg eins der vornehmsten Viertel Spandaus, mit »hochherrschaftlichen« Wohnungen für die Offiziere der Garnison. Auf der rechten Seite, Plantage Nr. 4, wohnte nach seiner Pensionierung der Oberbürgermeister Koeltze

Vom Hauptbahnhof kam man durch die schmale Bahnhofstraße, vorbei an dem 1867 errichteten klassizistischen Haus der Loge »Victor zum goldenen Hammer«, zum Stresowplatz, der mehr einer trichterförmigen Erweiterung der Straße als einem Platz glich. An seiner Havelseite stand bis zur Zerstörung im Zweiten Weltkrieg die 1868 bis 1871 erbaute Kaserne, die zuletzt, wie viele ihrer Artgenossen, das Finanzamt beherbergte. Die durch die Eisenbahnbrücke unterbrochene südliche Fortsetzung des Stresowplatzes ist die »Plantage«, ursprünglich ein auf Anordnung des Prinzen August Wilhelm von Preußen 1751 nach Potsdamer Vorbild angelegter, mit Bäumen umgebener Exerzierplatz. Von den einst prächtigen Stuckfassaden des vornehmen Wohnviertels für die Offiziere der Garnison ist nicht mehr viel geblieben, auch das 1876 errichtete Kriegerdenkmal existiert nicht mehr.

Luftbild der Geschützgießerei im Vordergrund links und der Artilleriewerkstätten in der oberen Bildhälfte, um 1912. Am unteren Bildrand der heutige Obermeierweg. Links im Bild die Eisenbahnbrücke für den Anschluß der nördlich der Spree liegenden Fabriken an den Güterbahnhof Ruhleben

Direkt gegenüber dem Hauptbahnhof war der Hauptzugang zur Geschützgießerei und zur Artilleriewerkstatt. Die Backsteinbauten links und rechts einer Grünanlage, die ursprünglich als öffentliche Straße über das fiskalische Gelände ging, wurden 1861 bis 1867 als Direktions- und Wohngebäude der Artilleriewerkstatt erbaut, die bis dahin ihren Sitz in Berlin gehabt hatte. Die weitläufigen Fabrikhallen erstreckten sich rechts von der Zugangsstraße. Ein monumentales, mit einer Skulpturengruppe bekröntes Tor schloß die Werksanlagen von der Straße ab. Hier wurden hauptsächlich Lafetten, Protzen und alle anderen Fahrzeuge für die Feld-, Festungs- und Belagerungs-Artillerie gebaut, weiter auch Fahrzeuge für andere Truppenteile, Geschoßkästen, Pferdegeschirre u.a. Diese Fabriken wurden im Laufe ihres Bestehens mehrfach – besonders während des Ersten Weltkrieges – in östlicher Richtung erweitert.

Die ältere Fabrik auf dem Stresow war die von der Zugangsseite geradeaus zu erreichende Geschützgießerei. Deren erste Gebäude wurden nach Plänen des späteren Oberstleutnants Schür von 1853 bis 1855 erbaut. Sie nahmen die bis dahin ebenfalls in Berlin befindliche Gießerei auf. Der erste Guß eines Geschützrohres fand hier am 13. April 1855 statt. (Damals wurden noch ausschließlich Bronzerohre gegossen.) Der steigende Bedarf und technische Neuerungen, wie der Guß eiserner Geschützrohre, führten zu immer neuen Erweiterungen; so entstand zum Beispiel in der Erweiterungsperiode 1868 bis 1874 die neue Bohrwerkstatt, ein im Grundriß L-förmiges Gebäude, dessen längerer Schenkel 106,5 m mißt. Sie war die Haupthalle, in der die schweren Maschinen zur Bearbeitung der rohen Gußstücke standen. Als gelber Backsteinbau mit provisorisch vermauerten Fenstern steht sie noch östlich des Obermeierweges. Sie ist besonders vom Lindenufer her gut zu sehen. Der braunrote Ziegelbau daneben ist eine Erweiterung aus dem Ersten Weltkrieg. 1862 war zur Geschützgießerei die Geschoßwerkstatt hinzugekommen. Für die Beleuchtung der Werke wurde 1868 auf dem gegenüberliegenden Ufer der Spree eine Gasanstalt gebaut, die auch die Fabriken auf dem »Plan« mitversorgte. Der Gasanstalt benachbart wurde im Ersten Weltkrieg die »Neue Geschützgießerei« errichtet, wie auch die am Zitadellenweg liegenden Munitions- und Gewehrfabriken Erweiterungen erfuhren.

Die Gewehrfabrik auf dem »Plan« östlich der Zitadelle war die älteste der Spandauer »militärfiskalischen Fabriken«. Sie wurde 1722 zusammen mit der Gewehr-Manufaktur in Potsdam auf Veranlassung König Friedrich Wilhelms I. von

Blick vom Rathausturm über Lindenufer, Charlottenbrücke, und ehemalige Heereswerkstätten nach Osten zur Siemensstadt, um 1930. Im Vordergrund das im Kriege zerstörte Haus der I. und VI. Gemeindeschule in der Mauerstraße

den Kaufleuten Splitgerber und Daum aus Berlin gegründet. Grundstück, Gebäude und größeres Arbeitsgerät wurden vom König gestellt, die Arbeiter in der Mehrzahl mit ihren Familien aus der Lütticher Gegend geholt und hier angesiedelt. Da sie katholisch waren, erhielten sie das Recht freier Religionsausübung und eine eigene Kirche. Sie und die der Potsdamer Manufaktur waren die ersten katholischen Gotteshäuser nach der Reformation in der Mark Brandenburg. In Spandau wurden die Gewehrläufe, -schlösser und andere Metallteile hergestellt, während der Zusammenbau in Potsdam stattfand. Der Staat faßte beide Fabriken 1854 in Spandau zusammen; die Gebäude der ehemaligen Potsdamer Manufaktur erhielt später das 1. Garde-Regiment zu Fuß. Der Gewehrfabrik benachbart, auf einem aus Sicherheitsgründen weitläufigen Gelände an der Oberhavel, wurde 1832 bis 1837 die Pulverfabrik angelegt, die bis dahin auch in Berlin war. Von der Gewehrfabrik trennte man 1874 die Munitionsfabrik als selbständigen Teil ab, ebenso 1913 die Geschoßfabrik von der Geschützgießerei.

Zum Schluß soll noch das Feuerwerkslaboratorium erwähnt werden, das 1817 im Palas der Zitadelle als »Geheimes Brand-Raketen-Laboratorium« eingerichtet wurde. 1829 verlegte man seine Einrichtungen auf die zum Festungsterrain gehörende Insel Eiswerder, wo sie bis zum Ende des Ersten Weltkrieges blieben. Das Direktionsgebäude, ein Beamten- und mehrere Arbeiterhäuser wurden Ende der siebziger Jahre an der Neuendorfer Straße erbaut. Die gelben Ziegelbauten nehmen noch heute die ganze Front zwischen Eiswerder- und Parkstraße ein.

Nicht alle, aber ein großer Teil der Arbeiter der Werke wohnte in Spandau, wodurch hier der unbemittelte und deshalb kaum Steuern zahlende Teil der Bevölkerung stark anstieg. Die Zahl der hier Beschäftigten war übrigens sehr schwankend; sie stieg zum Beispiel von 5500 im Jahre 1888 auf 12000 im Jahre 1890, um 1892 wieder auf 8500 zu fallen. Trotz diesem Auf und Ab erforderte der Fortschritt der Waffentechnik immer neue Erweiterungen der Produktionsanlagen, so daß die Arbeiterzahl im Durchschnitt langsam anstieg, um 1914 etwa 15000 zu betragen. Während des Krieges sollen dann 70000 Menschen hier gearbeitet haben. Durch die Bestimmungen des Versailler Vertrages wurden die Heereswerkstätten aufgelöst und die Fabriken auf die neugegründete »Deutsche Industrie-Werke AG« übertragen, die versuchen mußte, hier eine Friedensproduktion einzurichten, was ihr aber nur in bescheidenem Maße gelang.

Blick von der Brückenstraße über die Charlottenbrücke, um 1900. Rechts von der Brücke das am 18. Oktober 1892 enthüllte Denkmal Kaiser Friedrichs III. von Albert Manthe. Es mußte wegen des Neubaues der Brücke entfernt werden und wurde 1932 im Garten des Schützenhofes wieder aufgestellt

Vom Stresow her betritt man die eigentliche Stadt über die Charlottenbrücke. Wo sich heute die kräftige, doch formschöne Bogenbrücke über die Havel spannt, befanden sich vorher hölzerne und eiserne Brücken im Zuge der vom Stresow auf das »Stresow-Tor«, das spätere »Charlottenburger Tor«, zulaufenden Straße. Die Hauptverbindung von Spandau nach Berlin führte ursprünglich durch das Berliner Tor, an der Zitadelle vorbei, durch die Jungfernheide und Moabit. 1722 wurde auf königlichen Befehl diese Straße für den Durchgangsverkehr gesperrt und der Weg südlich der Spree über den Spandauer Berg befohlen. Wahrscheinlich hat man damit die Wohlfahrt des daniederliegenden Ackerbürgerstädtchens Charlottenburg heben wollen.

Die eiserne Charlottenbrücke, hier im Bild, wurde 1886 vollendet; sie hatte in der Mitte eine Klappvorrichtung für den Durchlaß der Schiffe. Als sie 1916 baufällig wurde, errichteten Spandauer Pioniere südlich von ihr eine hölzerne Behelfsbrücke. Anstelle der alten wurde von 1926 bis 1929 die jetzige Brücke erbaut und die Behelfsbrücke dann abgebrochen. Bis 1880 hatte sich vor den Häusern noch die mittelalterliche Stadtmauer hingezogen. Nach ihrem Abbruch gegen den Protest vieler Heimatfreunde wurde das vorher flache Havelufer aufgehöht und das Lindenufer als Straße geschaffen. Die alten Eckhäuser und das Kaiser-Friedrich-Denkmal mußten beim Neubau der jetzigen Brücke weichen, weil wegen der Durchfahrtshöhe für den Schiffsverkehr stärkere Anrampungen der Straßen nötig wurden; dabei konnte das Lindenufer als Spazierweg unter der Brückenrampe hindurchgeführt werden. Die Spandauer Straßenbahnlinien führten ursprünglich alle vom Hauptbahnhof durch die Charlottenstraße, die Breite Straße, den Markt und die Carl-Schurz-Straße in die Vorstädte. Der Markt war früher sicherlich kein architektonisches Kleinod, obwohl zum Beispiel das alte Rathaus in den ruhigen Formen der nachschinkelschen Schule einen durchaus vornehmen Eindruck machte. Aber das Unregelmäßige, Gewachsene der Baufluchtlinie ergab doch ein reizvolleres Bild als die sterilen, gerade durchgezogenen Geschäftshausblöcke von heute. Das alte Rathaus wurde 1817 anstelle mehrerer Vorgängerbauten errichtet. Das dritte Geschoß mit dem Stadtverordnetensitzungssaal erhielt es 1876/77 nach dem Entwurf des Stadtbaurates Lange. Nach der Fertigstellung des neuen Rathauses am Potsdamer Tor diente es noch eine Zeitlang als »Stadthaus«, bis es 1929 zugunsten des Neu-

Kaiser Wilhelm II. bei einem seiner häufigen Besuche der Spandauer Garnison, am Markt, um 1900. Im Hintergrund das alte Rathaus, auf dem zwei große preußische Landesflaggen wehen, von der Art, wie vor einiger Zeit eine in der Zitadelle gefunden wurde

Der Markt von der Carl-Schurz-Straße (bis 1939 Potsdamer Straße) her, im Jahre 1935. Von der hier sichtbaren Bebauung ist heute fast nichts mehr erhalten

Die Carl-Schurz-Straße (früher Potsdamer Straße), mit dem schmucklosen Gebäude der Schloßkaserne zwischen Charlotten- und Moritzstraße, kurz vor dem Abbruch im Jahre 1898

Eine Zeichnung Paul Simmels für die »Spandauer Zeitung« vom 5. März 1932

baues der Spandauer Bank abgebrochen wurde. Die Kartusche mit dem Stadtwappen aus der Attika über dem Sitzungssaal baute man in die Südwand des ehemaligen Lazaretts Moritzstraße 9 ein, sie ist auch in dem Neubau an dessen Stelle wieder angebracht worden. Die Öffnung des Marktes zur Carl-Schurz-Straße hin ist durch den Neubau der Spandauer Bank fast auf das Doppelte verbreitert worden. Der Häuserblock gegenüber dem Markt, das Viereck Carl-Schurz-Straße–Charlottenstraße–Kinkelstraße–Moritzstraße umfassend, war bis zum Abbruch im Jahre 1898 die Schloßkaserne; der Name erinnerte daran, daß hier das Stadtpalais des Grafen Lynar gestanden hat, das dieser sich 1581 erbaut hatte. Das Besitztum umfaßte nicht weniger als 13 Bürgerstellen. 1687 ließ Kurfürst Friedrich Wilhelm in dem Palais ein Zucht- und Spinnhaus einrichten; von 1822 bis 1825 wurde der ganze Komplex umgebaut und erhielt so seine letzte Gestalt und Ausdehnung. Zur Erleichterung der Spandauer wurde das Zuchthaus 1872 aufgeho-

Blick von der Stelle des ehemaligen Potsdamer Tores über den Mühlengraben zum 1890 eröffneten Postamt, etwa 1897. Die durchbrochene Turmkuppel des Posthauses diente zum Anschluß der Freileitungen des Fernsprechamtes. Vor dem Postgebäude erkennt man noch ein Stück der alten Stadtmauer

ben. Es war inzwischen berühmt geworden durch die Befreiung Gottfried Kinkels, der hier ab 1850 eine lebenslängliche Gefängnisstrafe für seine Beteiligung an den Aufständen von 1849 verbüßen sollte. Der Student Carl Schurz befreite ihn mit Hilfe einiger Spandauer Mitbürger, und Kinkel konnte nach England entkommen. Die Tür seiner ehemaligen Zelle befindet sich noch heute im Märkischen Museum. Der Kaufmann Simmel – der Vater des 1887 in Spandau geborenen, beliebten Zeichners Paul Simmel – erwarb die Schloßkaserne 1897, ließ sie abbrechen und das Gelände parzellieren, so daß es in den folgenden Jahren mit modernen Wohnhäusern bebaut werden konnte.

In dem etwa nord-südlich orientierten Oval der Spandauer Altstadt bildeten die Breite Straße und die Carl-Schurz-Straße (bis 1939 Potsdamer Straße) die senkrechten Schenkel eines H, dessen Querbalken der Markt bildet. Diese Straßen waren schon im Mittelalter die vornehmsten der Stadt und die Wohnplätze der einheimischen Patrizierfamilien. Die Breite Straße, seit 1701 so benannt, war auch Träger des Durchgangsverkehrs, sie ist bis heute die traditionelle Geschäftsstraße der Stadt geblieben. In der Carl-Schurz-Straße, die einst an ihrem Südende durch das Potsdamer Tor geschlossen wurde, während an ihrem Nordende das alte Heidetor seit 1640 geschlossen war und erst seit 1882 durch die Neue Brücke wieder ein Übergang zur Neustadt entstand, vereinten sich die meisten öffentlichen Gebäude der Stadt. Das Rathaus wurde schon erwähnt; unweit des Potsdamer Tores wurde 1890 das Postamt eröffnet, und im umgebauten Prinz-Heinrich-Palais war seit 1855 das Kreis-, später Amtsgericht. Zu dessen Erweiterung wurde dann das gegenüberliegende Haus Carl-Schurz-/Ecke Mönchstraße hinzugenommen.

Das Symbol des Stolzes der Spandauer Bürger auf den Aufschwung ihrer Stadt war das neue Rathaus mit seinem 81 m hohen Turm. Sein Grundstein wurde nicht ohne Grund am Tag des 25jährigen Amtsjubiläums des Oberbürgermeisters Koeltze gelegt. Das Wachstum der Stadt in dessen Amtszeit hatte auch die Vergrößerung der Verwaltung mit sich gebracht, so daß der Bau eines größeren Verwaltungsgebäudes zur dringenden Notwendigkeit wurde. Nach der Entfestigung Spandaus bot sich als Bauplatz das ideal liegende Gelände der ehemaligen Bastion I am Potsdamer Tor an. Man veranstaltete im Frühjahr 1908 einen Architektenwettbewerb, als dessen Ergebnis die Professoren

Reinhardt und Süßenguth den zweiten Preis erhielten. Ihr umgearbeiteter Entwurf wurde nach Einigung mit den Hauptpreisträgern zur Ausführung bestimmt. Die Ausschachtungsarbeiten begannen am 20. September 1910, die Grundsteinlegung war am 3. April 1911. Bei der Feier tat der Stadtrat und Maurermeister Emil Müller den berühmten Ausspruch: »Mög' schützen uns des Kaisers Hand vor Groß-Berlin und Zweckverband!«
Die Einweihung des Neubaues erfolgte am 15. September 1913 im Beisein des Prinzen August Wilhelm von Preußen als dem Vertreter des Kaisers. Für Spandau war es ein festliches Ereignis, zu dem die Bürgerschaft durch Geschenke für die Ausschmückung der Rathausräume vieles beitrug. Die Architekten allerdings beklagten, daß die zur Ausschmückung des Fest- und Bürgersaales mit Marmorpilastern und Stuckarbeiten nötigen etwa 10000 Mark nicht mehr zur Verfügung gestanden haben. In der Reihe der von Reinhardt und Süßenguth erbauten Rathäuser, wie zum Beispiel in Steglitz, Elberfeld, Dessau, Charlottenburg und Treptow, ist das Spandauer wohl die achtbarste Leistung, besonders indem sie sich von dem noch beim Charlottenburger Rathaus verwendeten, alles überwuchernden Ornament frei gemacht und den nun einmal nötigen dekorativen Schmuck der architektonischen Form untergeordnet haben. Die Baukosten betrugen 3400000 Mark.
Während der Kämpfe um Berlin im April 1945 wurde der

Oberbürgermeister Koeltze bei der Verlesung der Urkunde zur Grundsteinlegung des neuen Rathauses am 3. April 1911

Das Rathaus am Potsdamer Tor, um 1930. Damals war der Platz noch nicht so ein Verkehrsknotenpunkt wie heute ▷

Der Stadtverordnetensitzungssaal im neuen Rathaus, der im April 1945 zerstört wurde ▷

Rathausturm von Granaten getroffen und brannte bis hinunter zum Sitzungssaal aus. In den Jahren 1957/58 wurden zuerst der Sitzungssaal für die Bezirksverordnetenversammlung und dann der Turm – ein paar Meter niedriger – wieder aufgebaut.

★

Den Stadtgraben oder Mühlengraben – den manche Forscher auch für einen alten Havelarm halten, begleitet seit 1897 das Augusta-Ufer als Promenade. Das Viktoria-Ufer zwischen Stephan-Brücke und Achenbach-Brücke, das sich zuerst als Fußweg unterhalb der Stadtmauer hinzog, erhielt seinen Namen 1899. Damals war die Mauer schon weitgehend abgebrochen, heute ist nur ein kurzes Stück an der Stephan-Brücke erhalten. Hierhinter, mit der Front zur Kinkelstraße (bis 1938 Jüdenstraße), lagen die alten Bauten

◁ Der Mühlengraben mit dem »Seilersteg« anstelle des späteren Viktoria-Ufers mit Resten der Stadtmauer, etwa 1898. Rechts oben ein Giebel des Postgebäudes

Die 1895 eingeweihte, von Cremer und Wolffenstein erbaute Synagoge in der Kammerstraße/Ecke Lindenufer

der Moritzkaserne. Der älteste Teil, die zur Kaserne umgebaute ehemalige Moritzkirche, wurde 1920 abgebrochen, als hier die Wohnhausgruppe Kinkelstraße 45–46 im Auftrage der Stadt von Stadtbaurat Elkart erbaut wurde. Die Anlage ist zweifellos eine Zierde ihrer Straße, wenn man sie mit dem Bild der Jüdenstraße aus dem Jahre 1897 vergleicht. Aber vielleicht hätte das ehemalige Gotteshaus, 1461 urkundlich erstmalig erwähnt, doch etwas mehr Rücksicht verdient?
Bis 1965 stand noch der zweite Kasernenbau auf dem ehemaligen Kirchhofsgelände. Dieser, unter Friedrich dem Großen 1766 errichtet, beherbergte zuletzt das III. Bataillon des Garde-Grenadier-Regiments Nr. 5. Im Zusammenhang mit den benachbarten Wohnhausneubauten wurde die Kaserne 1920 modernisiert und zu Wohnzwecken umgebaut. Das Kirchhofsgelände der Moritzkirche reichte ehemals über die Stelle der Gottfried-Kinkel-Schule hinüber bis zum früheren Lazarettbau am Viktoria-Ufer.
Von den Häusern der Kinkelstraße aus der Zeit vor der Jahrhundertwende, wie sie unser Bild zeigt, war bis vor kurzem, bis 1967, noch das Haus Nr. 35, das sogenannte »Wendenschloß«, erhalten. Obwohl unter Denkmalschutz stehend, mußte es wegen Baufälligkeit abgebrochen werden. An seine Stelle trat, unter Nachahmung der äußeren Formen, aber unter Weglassung des charakteristischen Innenhofes, ein Neubau für die Pfarrei der Nikolaikirche.
Die Kinkelstraße war, wie ihr alter Name »Jüdenstraße« besagt, einstmals Wohnsitz der Juden. Die um die Jahrhundertwende hier vorhandenen Häuser reichten aber trotz ihres altertümlichen Aussehens nicht in das Mittelalter zurück, sondern stammten frühestens aus dem 17. Jahrhundert. Die Juden in Spandau teilten im allgemeinen das Schicksal ihrer Glaubensgenossen in der Mark Brandenburg. Wahrscheinlich waren bald nach der Erhebung Spandaus zur Stadt um 1230 hier Juden ansässig geworden, denn der älteste der Grabsteine, die man seit 1955 in den Grundmauern des Palas auf der Zitadelle fand, trägt das Datum des Jahres 1244; der jüngste datierbare Stein ist vom April 1347.

Die 1920 abgebrochene ehemalige Moritzkirche in der Kinkelstraße (früher Jüdenstraße). Sie wurde im 15. Jahrhundert erbaut, diente Anfang des 19. Jahrhunderts als Magazin und seit 1837 als Kaserne

◁ Die Kinkelstraße (bis 1938 Jüdenstraße), etwa 1898, von der Charlottenstraße aus gesehen. Am linken Bildrand schließt sich das Geländer der alten Moritzkaserne an. Im Hintergrund ist der Turm der evangelischen Garnisonkirche erkennbar

Das Innere der St.-Nikolai-Kirche nach der durchgreifenden Renovation von 1903

Steine mit späteren Daten tauchten nicht mehr auf. Man nimmt deshalb an, daß der Judenfriedhof während der Verfolgungen im Jahre 1349 verwüstet wurde. Die Lage dieses Begräbnisplatzes ist unbekannt, wahrscheinlich ist er identisch mit dem Judenkiever, der bis 1510 in der Nähe des früheren Hochgerichtes lag. Auch nach 1349 wohnten Juden in Spandau, bis sie infolge des großen Hostienschändungsprozesses von 1510 in Berlin, nach der Hinrichtung von 40 Juden, mit ihren Glaubensgenossen aus der Mark ausgewiesen wurden. Seit 1539 konnten sich Juden wieder in der Mark niederlassen. Aber nach dem Tode des Kurfürsten Joachim II. im Jahre 1571, noch vor der grausamen Hinrichtung des »Münzjuden« Lippold 1573 in Berlin, mußten sie alle das Land verlassen. Erst der Große Kurfürst öffnete ihnen die Mark wieder, indem er 1671 fünfzig Familien aus Österreich vertriebener Juden aufnahm. In Spandau wohnte um 1700 nur eine jüdische Familie. 1782 war ihre Zahl auf acht gestiegen. Ein Getto oder bestimmte nur den Juden vorbehaltene Wohngegenden gab es nicht. 1812 wurden ihnen in Preußen gewisse bürgerliche Rechte verliehen, die 1847 ausgeweitet wurden, bis am 3. Juli 1869 durch ein Bundesgesetz des Norddeutschen Bundes die Juden volle staatsbürgerliche Rechte erhielten. 1880 zählten in Spandau 139 Seelen zur jüdischen Gemeinde, während 165 als hier wohnhaft registriert wurden. Ihre Synagoge hatten sie seit 1880 in der Ritterstraße 12. 1894 konnten sie ein Grundstück in der Kammerstraße/Ecke Lindenufer erwerben und hier ein den Bedürfnissen der anwachsenden Gemeinde entsprechendes Bethaus erbauen lassen. Den Entwurf für die Synagoge schuf die auf diesem Gebiet bewährte Architektengemeinschaft Cremer & Wolffenstein, die Einweihung fand am 15. September 1895 statt. Die im Wüten des 9. November 1938 zerstörte Synagoge wurde nach dem Krieg abgebrochen; seit 1977 erinnert eine Gedenktafel am Haus Lindenufer 10–11 an die Vergangenheit. –

Dem aufmerksamen Spaziergänger wird auffallen, daß die Straßen der Altstadt niemals ganz schnurgerade, sondern in leichter Krümmung verlaufen. Heute freilich wird dieser Effekt, der dem Beschauer oft reizvolle Perspektiven vermittelte, durch die Begradigung von Baufluchtlinien meistens zunichte gemacht. Man kommt durch die Carl-Schurz-Straße zum Reformationsplatz, auf dem sich die Spandauer Stadtpfarrkirche, die altehrwürdige St.-Nikolai-Kirche, erhebt. Der südliche Teil des Platzes mit dem Denkmal des Kurfürsten hieß bis 1939 »Joachimsplatz« nach dem Kurfürsten Joachim II., der nach Meinung vieler Historiker am 1. November 1539 in der Nikolaikirche das Abendmahl in beiderlei Gestalt empfangen haben soll und damit zum evangelischen Glauben übertrat. Der nördliche Teil mit dem

Carl-Schurz-Straße (früher Potsdamer Straße) und St.-Nikolai-Kirche etwa im Jahre 1912, von der Moritzstraße her gesehen. Im Bild eine in Richtung Hauptbahnhof fahrende Straßenbahn der Linie »J«

Kriegerdenkmal hieß »Heinrichsplatz« nach dem Bruder Friedrichs des Großen, der als Regimentschef sein Stadthaus gegenüber der Kirche hatte.

Die Nikolaikirche ist Spandaus kirchliches Baudenkmal von hohem Rang, wie die Zitadelle das entsprechende weltliche Denkmal ist. Beide standen seit jeher im Mittelpunkt des Interesses der Historiker und Heimatfreunde. Gab noch D. F. Schulze in seiner Chronik »Zur Beschreibung und Geschichte von Spandau« an, er habe selbst die Jahreszahl 1210 über einer Kirchentür gesehen, so vermutete Albert Ludewig anhand zweier bei Aufgrabungen in der Kirche gefundener Feldsteinmauern, St. Nikolai sei schon zur Zeit Albrechts des Bären erbaut worden. Weder die Angaben Schulzes, geschweige die Ludewigs lassen sich beweisen. Auch die bei späteren Grabungen innerhalb der Kirche gefundenen Mauerreste, aus denen Ludewig vier Vorgängerbauten der jetzigen Kirche rekonstruierte, sind nicht beweiskräftig, weil eine ordnungsgemäße Aufmessung und Publikation der Funde nicht vorgenommen wurde. Daß die jetzige Kirche einen Vorgängerbau hatte, ist sicher, denn in einer Urkunde von 1240 wird die »Marktkirche« erwähnt. Sie wird vielleicht nicht mehr aus Holz gebaut worden sein, sondern als querschifflose Feldsteinbasilika, wie sie zum Beispiel noch heute in Strausberg steht. Dieser Kirchentyp war in den märkischen Städten der Kolonisationszeit weit verbreitet, ist aber seit Ende des 14. Jahrhunderts durch die den bürgerlichen Vorstellungen mehr entsprechenden Hallen- und Hallenumgangskirchen verdrängt worden. Auch die Nikolaikirche ist eine Hallenumgangskirche, die nach dem Ergebnis vergleichender kunsthistorischer Untersuchungen, die im Einklang mit den überlieferten Daten stehen, in den Jahren zwischen 1410 und 1450 erbaut worden ist. Der Westturm wurde nach Fertigstellung der Kirche um das Jahr 1468 gebaut, wofür ein Rechnungsbeleg existierte. Der Chronist Leuthinger – Rektor in Spandau – bezeichnete den Kirchturm um 1578/79 als den höchsten in der Mark. Es wundert nicht, daß dieser Turm dem Kurfürsten zu hoch war, bot er doch eine gute Möglichkeit, in seine neue Festung, die Zitadelle, hineinzuschauen oder gar zu schießen. Er benutzte das von ihm angeordnete Kampfspiel, das wir unter dem Namen »Spandauer Knüttelkrieg« kennen, im August 1567, um mit Kanonen auf die Turmspitze schießen zu lassen, um diese zu verkürzen. Man konnte Joachim diesen wahnwitzigen Gedanken ausreden, so daß der Turm seine Höhe behielt. Nach den noch erhaltenen Rechnungen für die Reparatur der durch die Beschießung angerichteten Schäden, scheint nicht mal der Turm, sondern das Kirchendach durch die Schüsse beschädigt worden zu sein. Der Turm wurde in den vergangenen Jahrhunderten durch Brand und Blitzschlag häufig beschädigt, aber immer wieder repariert. Sein Aussehen vor der Zerstörung von 1944 hatte er beim Wiederaufbau im Jahre 1744 bekommen, bei dem die Schäden eines großen Brandes von 1740 behoben wurden. Eine Wiederherstellung durch

Eine der für Spandau charakteristischen Gaslaternen

Das 1855 erbaute Amtsgericht in der Carl-Schurz-Straße (früher Potsdamer Straße), gegenüber der St.-Nikolai-Kirche, um 1920. Es brannte 1944 aus und wurde 1950 abgebrochen. Forum-Kino und Aldi-Markt wurden seine Nachfolger

Feier am Kriegerdenkmal auf dem Reformationsplatz (bis 1939 Heinrichsplatz) am 100. Jahrestage der Befreiung Spandaus von den Franzosen am 27. April 1913. Hier hatten sich die Spitzen der städtischen und militärischen Behörden Spandaus versammelt

Schinkel veränderte das Äußere nur wenig. Bei der umfassenden Restaurierung der Kirche, die aus Anlaß des bevorstehenden 300jährigen Jubiläums des Reformationstages stattfand, wurde Schinkel als Gutachter hinzugezogen. Von vielen wurde die Restaurierung von 1839 als mißlungen angesehen. So ist es kein Wunder, daß man bei der erneuten Wiederherstellung, die im Jahre 1902 unter Leitung von Otto Stiehl begann, sich zum Ziel setzte, frühere »Verhunzungen« wieder zu beseitigen. Unser Bild zeigt das Ergebnis dieser Arbeiten nach ihrer Beendigung im Jahre 1903. Die Hauptveränderung gegenüber vorher war eine anhand entdeckter Farbspuren erneuerte kräftige Bemalung des Inneren, einschließlich der bisher schlichteren Emporen. Die

heute noch vorhandene Kanzel kam erst nach Abschluß der Renovation im Jahre 1904 in die Kirche. Sie wurde um 1700 für die Kapelle des Potsdamer Stadtschlosses angefertigt und kam 1714 in die reformierte Spandauer Johanneskirche, wo sie bis zum Abbruch derselben im Jahre 1903 blieb. Am Außenbau von St. Nikolai wurde 1902/03 der südliche Treppenturm als weiterer Zugang zu den Emporen angefügt und der Giebel der Südkapelle erneuert als zinnengeschmückter Staffelgiebel, wie er noch jetzt zu sehen ist. Die damals von der Fachwelt begrüßte Ausmalung des Inneren entsprach einer viel geübten Praxis bei der Restaurierung mittelalterlicher Kirchen, die man allenthalben anhand gefundener oder manchmal nur geahnter Farbspuren mit einer geradezu barbarischen Buntheit versah. Ein Gegenschlag gegen die Purifizierungswut der ersten Jahrzehnte des 19. Jahrhunderts, die wirklich manches wertvolle Kunstwerk als nicht »stilrein« verbannt oder vernichtet hatte.

Die Nikolaikirche erlitt durch den Luftangriff vom 6. Oktober 1944 große, aber nicht irreparable Schäden. Am schlimmsten wurde der Turm getroffen, der völlig ausbrannte und bis heute seine alte Höhe nicht wiederbekommen hat. Bei der Wiederherstellung, die mit verständnisvoller Unterstützung der britischen Besatzungsmacht im Herbst 1946 begonnen wurde, bekam der Turm sein jetziges flaches Zeltdach; im Inneren wurden die Emporen entfernt und die Ausmalung Otto Stiehls beseitigt. Bei einer weiteren Restaurierung in den Jahren 1957/58 wurden u.a. die freiliegenden Ziegelflächen gesäubert und neu verfugt, die Putzflächen und Gewölbe weiß getüncht und die kastenartigen Bänke durch Stühle ersetzt. Die neue Orgelempore deckt die heute unmotiviert groß erscheinende Spitzbogenöffnung zur Turmhalle geschickt ab. Im ganzen wird uns der heutige Raumeindruck mit dem Kontrast zwischen rotbraunen Ziegeln und weißen Putzflächen, in der Chorpartie durch den polychromen Altar und die barocke Kanzel belebt, stärker ansprechen als der alte Zustand. Im Westteil Berlins ist St. Nikolai die einzige Stadtpfarrkirche des Mittelalters und ihre schlichte Schönheit sollte uns immer an die Ideale vergangener Geschlechter erinnern.

Der Reformationsplatz, der ehemalige Kirchhof, ist zum Teil noch mit alten niedrigen Häusern umgeben, die im richtigen Maßstabverhältnis zum Gotteshaus stehen. Hervorgehoben sei das »Officiantenhaus«, Reformationsplatz 2. Es ist eine Dependance der Ernst-Ludwig-Heim-Grundschule und wurde 1819 auf der Stelle des eigentlichen Officiantenhauses errichtet, in dem Dr. Ernst Ludwig Heim von 1776 bis 1783 als Stadtphysikus gewohnt hatte. Eine Gedenktafel erinnert noch daran. Das 1875 bis 1877 erbaute Schulhaus Reformationsplatz 5 ist ein an sich schöner Bau, paßt aber mit seinen drei hohen Hauptgeschossen im Maßstab nicht mehr zur Kirche. Die westliche Platzwand im Zuge der Carl-Schurz-Straße ist durch die Kriegszerstörungen total verunstaltet, da das 1956 errichtete Filmtheater (das jetzige Discounthaus) sich architektonisch dem Altstadtcharakter nicht anpaßt. Es ist eine historische Stelle: Im Mittelalter hat vermutlich hier das erste Spandauer Rathaus gestanden, später war es ein Bürgerhaus, das u.a. dem bekannten Bürgermeister Georg Adam Neumeister gehörte. 1727 wurde es von der »Bürgerkasse« erworben und dem jeweiligen Chef des in Spandau liegenden Infanterie-Regimentes als Wohnhaus überlassen. So wohnte in den Jahren 1742 bis 1756 August Wilhelm, Prinz von Preußen, hier als Chef des I.-R. Nr. 18 (gemäß der alten Stammrolle bis 1806) und von 1764 bis 1778 Heinrich, Prinz von Preußen, als Chef des seit 1764 hier liegenden Infanterie-Regimentes Nr. 35. Dieses lag noch bis 1792 in Spandau und Nauen, aber Prinz Heinrich hat nach dem Zwist mit dem König während des »Kartoffelkrieges« 1778 Spandau nicht mehr betreten. Also seit 1764 heißt das Haus »Prinz-Heinrich-Palais« und nicht schon seit 1740, wie an anderer Stelle geschrieben wird. Nach einem Zwischenspiel in Privatbesitz, u.a. als Gasthof, wurde es von 1853 bis 1855 mit Benutzung der alten Mauern im neugotischen Stil umgebaut und diente bis zur Zerstörung im Oktober 1944 als Gerichtsgebäude.

Für Spandau war es ein Festtag, als am 1. November 1889 das Joachim-Denkmal auf dem Platz vor der Kirche enthüllt wurde. Das Standbild des Kurfürsten und die drei Sockelreliefs modellierte der Bildhauer Erdmann Encke, ein Schüler Albert Wolfs. Er hatte sich mit dem Jahn-Denkmal in der

Das nach Schinkelschem Entwurf in Eisen gegossene, 1816 aufgestellte Kriegerdenkmal für die Gefallenen von 1813 bis 1815 auf dem Reformationsplatz, etwa 1938

Hasenheide und dem Königin-Luise-Denkmal im Tiergarten bereits einen guten Ruf erworben. Die Szene auf der Relieftafel an der Nordseite des Postaments: »Kurfürstin Elisabeth unterweist ihre Söhne Joachim und Johann im evangelischen Glauben«, regte Encke im Jahre 1890 übrigens an zu der Schaffung der Gruppe: »Kurfürstin Elisabeth, ihren Sohn Joachim in der Religion unterrichtend«, deren Bronzeguß sich in der Nationalgalerie (Ost) befindet.

Das schlicht-schöne, vom Geist der Romantik geprägte Denkmal für die Gefallenen von 1813 bis 1815 wurde in der Königlichen Eisengießerei in Berlin gegossen und am 27. April 1816 feierlich eingeweiht. Ihm liegt ein Entwurf Karl Friedrich Schinkels zugrunde, den dieser für das Courbiere-Denkmal in Graudenz geliefert hatte, der aber nicht ausgeführt wurde. Das Spandauer Denkmal ist diesem Entwurf gegenüber etwas verändert, übernimmt aber alle Grundbestandteile desselben, so daß an Schinkels Urheberschaft kein Zweifel sein kann, wenn auch der Originalentwurf für Spandau nicht mehr existiert. Er wird beim Brand der Eisengießerei am 19. März 1848 vernichtet worden sein.

Anstelle des Schulhauses am Reformationsplatz hatte schon im Mittelalter die bekannte »Große Stadtschule« Spandaus gestanden, die einen weithin guten Ruf genoß und in einer Zeit, als man keine allgemeine Schulpflicht kannte, für die Bildung der bürgerlichen Bevölkerung von großer Bedeutung war. Aus ihr ist über die »Bürgerschule« das heutige

Die Abiturklasse des Kant-Gymnasiums, 1933. Obere Reihe: 2. v. l. Studienrat Dr. Becker, 4. v. l. Studienrat Knäbl

Kant-Gymnasium hervorgegangen. Die Bürgerschule erhielt 1856 ein neues Schulhaus in der Potsdamer Straße (Carl-Schurz-Straße), 1862 wurde das Gymnasium gebildet und 1890 vom Staat übernommen. 1913 bis 1915 entstand der Neubau Carl-Schurz-Straße 59, der bei der Einweihung den Namen »Königliches Kant-Gymnasium« bekam. Zum Schulkomplex, der sich bis an die Kinkelstraße erstreckte, gehörte seit 1871 auch das Küsterhaus der Johanneskirche (Carl-Schurz-Straße 57), die Kirche selbst wurde 1903 zur Vergrößerung des Schulhofes abgebrochen. Auch das Haus Kinkelstraße 20, das seit 1862 von der Bürgerschule benutzt wurde, gehörte seit 1885 zum Gymnasium. Die völlig veränderten Unterrichtsformen der letzten Jahre machten aber doch einen Neubau erforderlich, der 1972 in der Bismarckstraße bezogen wurde. Wenn man heute die Fotografien früherer Schulklassen betrachtet – welche Veränderung.

Für die finanziell wenig leistungsfähige Stadt Spandau bildete der Schul-Etat einen der größten Ausgabenposten. Die anwachsende Bevölkerung erforderte ständig neue Schulbauten: Von fünf Gemeindeschulen mit 1523 Schülern

Die Abgangsklasse der 8. evangelischen Mädchenschule in der Kurstraße bei einem Klassenausflug am 28. August 1923, vor dem Moltke-Denkmal in Berlin

im Jahre 1880 stieg ihre Zahl bis auf 1920 auf vierzehn Gemeindeschulen mit 10766 Schülern; hinzu kam als höhere Mädchenschule das Oberlyzeum, seit 1916 als »Cecilienschule« im heutigen Gebäude, die jetzige »Lily-Braun-Oberschule« in der Münsingerstraße. Aus der Bürgerschule wurde 1905 die Realschule, die 1906 ein neues Schulhaus in der Galen-(Moltkestraße)/Ecke Friedrichstraße erhielt und 1910 zur Oberrealschule ausgebaut wurde; sie trägt seit etwa 1930 den Namen »Freiherr-vom-Stein-Oberschule«. Für die arme Stadt war es eine Entlastung ihrer Finanzen, als der preußische Staat 1909 das »Königliche Stadtschullehrerseminar« und 1911 die »Königliche Landesturnanstalt« zur Ausbildung von Turnlehrern hierher verlegte. Beide Anstalten wurden unter Einräumung günstiger Bedingungen, wie unentgeltliches Bauland und Errichtung eines Hallenschwimmbades, nach Spandau geholt. In der Hitlerzeit wurden sie nach einem Zwischenspiel der »Reichsführerschule des deutschen Arbeitsdienstes« als »Nationalpolitische Erziehungsanstalt« genutzt.

Die Carl-Schurz-Straße führte, wie schon erwähnt, auf das Heidetor zu. Nach dessen Schließung 1640 schlängelte sich der Weg mit Benutzung des Hohen Steinweges über den »Alten Rhein« zur Dammbrücke und darüber hinweg zum Oranienburger Tor in die Neustadt. Der Abbruch der Befestigungen von 1640 im Jahre 1882 und der Bau der »Neuen Brücke« über den Mühlengraben brachte nach jahrhundertelanger Unterbrechung wieder eine gerade Verbindung. Von der Havelstraße, die von der Carl-Schurz-Straße in östlicher Richtung abzweigt, sieht man heute nicht mehr viel, da die Häuser auf ihrer Nordseite 1960 einem großem Parkplatz weichen mußten, unter ihnen war auch das alte Gebäude des ersten Spandauer Krankenhauses, Havelstraße 5. Die Grundstücke dieser Seite reichten bis zum Mühlengraben, dem schon mehrfach erwähnten »Alten Rhein«, der 1910 zugeschüttet wurde. Die Straße »Am Juliusturm«, die diese Gegend durchzieht, entstand 1940/41 beim Neubau der Juliusturmbrücke, die die alte »Berliner-Tor-Brücke« ersetzte. Damals wurden die Häuser an der Südseite des Behnitz und die Berliner Straße abgerissen. Die neuen Straßen haben den Behnitz wieder zu einer Insel gemacht, wie er es ähnlich schon in der Frühzeit Spandaus war. Der Hohe Steinweg, der früher nach der neben dem »Alten Rhein« liegenden Körnerschen Schneidemühle »Mühlengasse« hieß, besitzt auf dem Grundstück Nr. 7 noch ein gut erhaltenes Stück der mittelalterlichen Stadtmauer, säuberlich aus braunroten Backsteinen im Klosterformat geschichtet. Hinter dieser Mauer liegt, nur von der Wasserseite aus sichtbar, ein altes Fachwerkhaus, in dem um 1900 die für den Dienst in der seit 1887 bestehenden freiwilligen Feuerwehr verpflichteten städtischen Handwerker wohnten. Im 1882/83 hierneben erbauten Spritzenhaus an der Neuen Brücke ist jetzt ein Elektrogeschäft. Neben der freiwilligen Feuerwehr bestand noch die Garnisonfeuerwehr. Als sie nach dem Ersten Weltkrieg aufgelöst wurde, mußte die Berufsfeuerwehr weiter ausgebaut werden. 1926 bezog sie den Neubau der Feuerwache in der Triftstraße. Auf dem Behnitz oder »Bens«, wie er in alter Schreibweise genannt wird, lag am Möllentordamm auf dessen Nordseite das Fischerdorf »Damm«, das aus sechs Fischereigrundstücken

Das Haus Havelstraße 5, das 1960 dem Parkplatz an der Straße »Am Juliusturm« weichen mußte. Hier hatte die Stadt 1854 ihr erstes Krankenhaus eingerichtet, nach seiner Auflassung 1893 diente es als städtisches Gesundheitsamt

Das Grundstück Hoher Steinweg 7 im Jahre 1911 vom ▷ Mühlengraben aus gesehen. Das Fachwerkhaus ist an der Straßenseite durch die Stadtmauer verdeckt. Damals wohnten städtische Handwerker hier, die gleichzeitig zum Dienst in der freiwilligen Feuerwehr verpflichtet waren. Das rechts liegende Spritzenhaus, im Bild nicht zu sehen, wurde 1882/83 erbaut

Eine mechanische Leiter der Garnisonfeuerwehr während ▷ des Ersten Weltkrieges vor dem Verwaltungsgebäude der Siemens-Schuckert-Werke

Idyllischer Winkel im Hof des Hauses Havelstraße 8, das schon 1940 für die Verbreiterung der Straße »Am Juliusturm« abgebrochen wurde

bestand und erst 1875 in Spandau eingemeindet wurde. An der platzartigen Erweiterung des Kolk standen früher die Mühlengebäude am »Alten Rhein«, der neben der Dammbrücke in den Stadtgraben mündete. Hier ist Alt-Spandau noch charakteristisch erhalten, und die Wiederherstellung der alten Häuser wird eine gute Vorstellung der ehemaligen märkischen Landstadt geben. Auch die katholische St.-Marien-Kirche fügt sich in ihren Proportionen dem Altstadtcharakter gut ein. Sie wurde als Ersatz für die baufällige Kirche auf dem Gewehrplan in den Jahren 1847/48 erbaut und am 20. November 1848 geweiht. Nach der Fertigstellung der neuen St.-Marien-Kirche in der Galenstraße ging die alte an den Militärfiskus über und wurde 1912 als katholische Garnisonskirche eingeweiht. Sie war im Zweiten Weltkrieg kaum beschädigt worden und konnte daher der neuen Marien-Gemeinde als Gotteshaus dienen, bis deren schwerbeschädigte Kirche wieder hergestellt war. Nach jahrelangem Verfall wurde sie 1964 restauriert und bietet mit ihrer bescheidenen Ausstattung ein gutes Beispiel der spätbiedermeierlichen Baukunst. Links und rechts neben dem Gotteshaus lagen zwei 1824 und 1830 erbaute Schulhäuser, wovon das ältere, die ehemalige Garnisonschule, 1858 von der katholischen Gemeinde für ihre Schule erworben wurde. (Auf dem jetzt freien Gelände nördlich der Kirche konnte bei Grabungen im Jahre 1968 neben anderen Funden ein Feldsteinbrunnen aus dem 14. Jahrhundert freigelegt werden.) Gegenüber der Kirche, Behnitz 3, liegt das alte Gebäude des ehemaligen Bauamtes der Fortifikation, das jetzt Kindertagesstätte der Nikolaigemeinde ist. Das Haus Behnitz 5, an dem eine Gedenktafel an den Komponisten Wilhelm Heinemann erinnert, ist ein Bau des »Zopfstils«, den der Bauinspektor Lehmann im Jahre 1795 auf seinem Grundstück errichtete. Unweit von hier führte früher eine Fußgängerbrücke hinüber zur Zitadelleninsel. Die jetzige Schleuse ist anstelle zweier Vorgängerinnen im Jahre 1910 erbaut worden, im Zusammenhang mit dem Berlin-Stettiner-Großschiffahrtsweg (Hohenzollernkanal), um für 600-t-Schiffe aufnahmefähig zu sein. In absehbarer Zeit wird sie für die Durchfahrt von 1000-t-Schiffen erweitert werden müssen.

Der Mühlengraben, auch »Alter Rhein« genannt, kurz vor der »Steinernen Brücke« im Zuge von Breite Straße und Behnitz, etwa 1898. Der stimmungsvolle, aber unhygienisch gewordene Wasserlauf wurde 1910 zugeschüttet, um Platz für die geplante Straße Nr. 1 zu machen

Die Straße »Behnitz« ging früher an der »Steinernen Brücke« über den »Alten Rhein« ohne Unterbrechung in die Breite Straße über, die, wie schon gesagt, die Hauptgeschäftsstraße Spandaus ist. Eine ganze Anzahl älterer Häuser hat hier den Krieg überstanden. Das Wohnhaus Breite Straße 20, im Stil der Gilly-Schule um 1800 erbaut,

Die Häuser Breite Straße 25–28 im Jahre 1901. In Nr. 26 ist gerade Räumungsausverkauf wegen des bevorstehenden Abbruchs zugunsten der Erweiterung des Kaufhauses Hirsch

Der Neubau des Kaufhauses Hirsch, um 1910. Die Anregung für den Bau, für die bescheidenen Verhältnisse märkischer Landstädte, wie es auch Spandau war, recht aufwendiger Geschäftshäuser, ging von Berlin aus

oder Nr. 43 an der Ecke der Havelstraße, nach dem Brand infolge der Beschießung bei der Belagerung von 1813 in den Formen des 18. Jahrhunderts wieder aufgebaut – es ähnelt dem Gasthof »Zum Stern« in der Carl-Schurz-Straße, der aus demselben Jahrhundert stammt – sind noch Zeugen der Landstadt Spandau. Ein Beispiel der Großstadtarchitektur der Jahrhundertwende entstand, als hier das erst 1897 erbaute Kaufhaus von M. Hirsch von 1901 bis 1903 umgebaut und erweitert wurde. Dieser von dem Architekten August Leo Zaar aus Berlin geschaffene Bau mit dem großen gläsernen Globus am Giebel wurde Ende der zwanziger Jahre erneut modernisiert. Er war bereits an den Kaufmann Leopold Lindemann übergegangen, der auch in Potsdam ein bekanntes Kaufhaus besaß. Nach 1933 ging das Potsdamer Haus an den Karstadt-Konzern über, während das Spandauer Haus 1936 von Fritz Denninger gekauft wurde. (Seit 1974 gehört es der »Weka Textil GmbH«.) Dieses Kaufhaus,

Das I. Bataillon des Garde-Fuß-Artillerie-Regiments marschiert mit klingendem Spiel durch die Breite Straße, etwa 1907. Links zwischen den Häusern sieht man die »Steinerne Brücke« über den »Alten Rhein«, im Hintergrund die katholische St.-Marien-Kirche auf dem Behnitz, und rechts führt die Berliner Straße in Richtung Zitadelle

dessen Verkäuferinnen früher mit dem Kosenamen »Hirschkäfer« bedacht wurden, ist eines der am meisten umgebauten Häuser in Spandau, bei dem man von 1897 bis heute mindestens sechs Bauperioden unterscheiden kann.

Ein weiteres für Spandau bedeutendes Kaufhaus war die seit 1841 bestehende Firma M. K. Sternberg, die im Jahre 1927 ihr neues Geschäftshaus Breite Straße 21 – bis zur Fischerstraße durchgehend – eröffnete. Es besteht jetzt nicht mehr, seit 1972 hat die Sparkasse hier ihre Filiale. Am Nordende der Breite Straße stand bis 1961 noch das Haus »Grüner Baum« (Nr. 42), dessen Hauszeichen mit der Jahreszahl 1813 und einer Kanonenkugel in der Toreinfahrt eingelassen war. Früher war es ein Gasthof mit Ausspannung für durchreisende Fuhrleute. In seinem Saal fanden auch Vorstellungen wandernder Theatergruppen statt.

Der Bau der Juliusturmbrücke in den Jahren 1938 bis 1941 hat eine große Verkehrsverbesserung in Richtung Berlin gebracht, aber auf Kosten des geschlossenen Stadtbildes, denn der neue Verkehrsweg zieht sich wie eine breite Schneise zwischen den Stadtteilen hin. Vorher erreichte man die Berliner Seite mit Fahrzeugen durch die schmale Berliner Straße über die Berliner-Tor-Brücke, die südlich der jetzigen auf die »Berliner Chaussee« mündete. Sie heißt heute »Am Juliusturm«, und von ihr kommt man über die 1939 neu gebaute Zitadellenbrücke über den Abzugsgraben auf das ehemalige Glacis der Zitadelle. Früher führte eine Holzbrücke über den Zitadellengraben, seit 1881 ein Damm mit einer Zugbrücke, die den Eintritt in das Torhaus gestattet. Von hier sieht man auf dem barocken Segmentgiebel das kurbrandenburgische Staatswappen, dessen Kurhut seit 1701 mit der Königskrone überdeckt ist. Im Obergeschoß des Torhauses lag die Kommandantenwohnung, deren zierlicher Balkon gar nicht zum Ernst der Festung passen will. Das jetzige Aussehen der Torhauses stammt von einer Wiederherstellung im Jahre 1839. Dahinter verbirgt sich – erst durch neuere Forschung bekanntgeworden – eine dreischiffige Pfeilerhalle, die aus in Backsteinen aufgemauerten rustizierten Quadern besteht und ihr Vorbild in der 1534 bis 1540 erbauten »Porta Nuova« in Verona haben soll. Vom Torbau links im Hof steht, durch Umbauten entstellt, der wahrscheinlich um 1350 erbaute Palas der ehemaligen markgräflichen Burg, dahinter ragt der Juliusturm 30 Meter hoch auf. Zwischen Palas und Kommandantenhaus war bis 1938 noch ein Verbindungsbau, das Wachhaus, mit der Wach-

stube neben der Durchfahrt. Der Palas, das Wohnhaus der mittelalterlichen Burg, ist in seinem Bestand stark verdorben, letzte Veränderungen des Inneren fanden 1936 bis 1938 statt, als auf der Zitadelle das Heeres-Gasschutz-Laboratorium eingerichtet wurde. Zur selben Zeit entstand vor der Westkurtine das »Haus 4«, das wie die anderen Bauten im Hof, seit 1950 von der »Otto-Bartning-Oberschule« für das Baugewerbe genutzt wird. Das Haus 6 vor der Nordkurtine wurde 1860/61 als Kaserne errichtet, es war ursprünglich ein gelber Rohziegelbau, der 1950 sein derzeitiges Aussehen erhielt und damit stark verschandelt wurde, wie ein Vergleich unseres Bildes mit der Wirklichkeit zeigen würde. Wenn man den Angaben der Zeitgenossen trauen darf, dann ist diese Kaserne ebenso wie die ihr ähnelnde in der

So sah der Zeichner G. Theuerkauf die Zitadelle im Jahre 1880, als noch die alte Holzbrücke anstelle des Dammes den Graben überspannte

Luftbild der Zitadelle von Westen her, um 1930. Wie man sieht, fehlt das heutige Schulgebäude vor der Westkurtine noch, ebenso die Bauten des Gasschutz-Laboratoriums auf der Bastion Brandenburg links oben. Im Hintergrund rechts sieht man die Anlagen der Munitionsfabrik und der Gewehrfabrik; am unteren Bildrand liegt das Ravelin »Schweinekopf«

Grunewaldstraße auf dem Stresow, nach Entwürfen von Friedrich August Stüler erbaut worden und verdient somit erhöhte Beachtung als eines der wenigen erhaltenen Werke des größten Baukünstlers der nachschinkelschen Zeit. Die Kasernen im Zitadellenhof waren von 1872 bis 1914 Unterkunft des I. Bataillons des Garde-Fuß-Artillerie-Regiments; in der Weimarer Republik wurden sie eine Zeitlang von der »Schwarzen Reichswehr« benutzt, danach dienten sie dem Heeres-Zeugamt.

Eine Batterie des I. Bataillons des Garde-Fuß-Artillerie-Regiments in Aufstellung zur Besichtigung. Dahinter, zwischen dem Kommandantenhaus und dem Palas, sieht man mit vier Fenstern Front das 1938 abgebrochene »Wachhaus«

Der Zitadellenhof mit der 1860/61 erbauten Kaserne (Haus 6) vor der Nordkurtine, im Jahre 1930

Die Stresowkaserne I in der Grunewaldstraße, um 1900. Zuletzt lag hier das I. und II. Bataillon des Garde-Grenadier-Regiments Nr. 5. Im Vordergrund der schon lange verschwundene »Schlangengraben«

Blick von Westen her über die Neustadt. Luftaufnahme aus dem Jahre 1930. Die Straße, die von links nach rechts schräg durch das Bild läuft, ist die Moltkestraße (jetzt Groener- und Galenstraße); an der Ecke der Friedrichstraße sieht man ein Stück der Freiherr-vom-Stein-Oberschule; von dort bis zum unteren Bildrand läuft jetzt über das nur von Gärten besetzte Gelände der Falkenseer Damm. Die Roonstraße, rechts davon, ist noch erhalten, sie stößt direkt auf die ehemalige Brieftaubenstation, von der ein Nebengebäude am ehemaligen Askanierring (jetzt Flankenschanze) erhalten ist. Gut zu erkennen ist in der Bildmitte, wie die Bismarckstraße bald hinter der Kreuzung mit der Moltke- und Achenbachstraße im freien Gelände ausläuft. Hier steht jetzt das neue Kant-Gymnasium. Die weißen Häuserreihen am oberen Bildrand gehören zur »Reichsforschungssiedlung« in Haselhorst

Am populärsten ist natürlich der Juliusturm, an dem die Phantasie von jung und alt sich mit Sagen und Legenden entzünden kann. Heute kann man ihn mittels einer 1965 eingebauten Holztreppe wieder besteigen und dabei vorher einen Blick in das Untergeschoß, das Verlies, werfen, das wir aber mit keiner der auf der Zitadelle gefangengehaltenen bekannten Personen in Verbindung bringen können. Am 3. und 6. Juli 1874 wurde der vom Deutschen Reichstag beschlossene »Reichskriegsschatz« von 120 Millionen Mark im Juliusturm eingelagert, nachdem umfangreiche Sicherheitsmaßnahmen getroffen wurden. Zur Finanzierung des Ersten Weltkrieges reichte der Schatz nicht mehr aus, da waren andere Summen nötig geworden. So wurde er erst nach Kriegsende, am 27. Mai 1919, in die Reichsbank zurückgebracht. Die einst von den Kurfürsten Joachim II. und Johann Georg erbaute brandenburgische Landesfestung – als Schutz der Residenz und Zufluchtsort des Hofes gedacht – ist heute, als einziges erhaltenes Bauwerk dieser Art, ein Baudenkmal von nationalem Rang, und ihre Wiederherstellung bis zur 750-Jahr-Feier Berlins im Jahre 1987 wird ihren Bestand hoffentlich auf lange Zeit sichern.

★

Brieftaubenmeister Gustav Lamprecht, Heeresgruppe Kronprinz, im Ersten Weltkrieg

Einer der fahrbaren Brieftaubenschläge, deren Prototyp in der Militär-Brieftaubenstation entwickelt wurde

Die Stadt Spandau muß die Eigenschaft einer Militärstadt auf die Existenz der Zitadelle neben ihren Mauern zurückführen. Die von 1876 bis 1879 gebauten Festungsanlagen rund um die Stadt wurden zwar von 1908 bis 1912 geschleift (d.h. abgebrochen), aber die Garnison blieb, und auf sie sollte ja auch nicht verzichtet werden. Nach Berlin und Potsdam war Spandau die drittgrößte Garnison in der Provinz Brandenburg, dem Bereich des Gardekorps und des III. Armeekorps. Bei Kriegsausbruch 1914 zogen von hier ins Feld: das 5. Garde-Regiment zu Fuß, das Garde-Grenadier-Regiment Nr. 5, das Garde-Fuß-Artillerie-Regiment, das Pionier-Bataillon von Rauch (Brandenburgisches) Nr. 3, das Brandenburgische Train-Bataillon Nr. 3 sowie Angehörige der Heeres-Brieftauben-Station und der Feld-Telegraphen-Schule. Das Stadtbild Spandaus wurde von den Kasernen und Gebäuden der militärischen Dienststellen und Einrichtungen außerordentlich stark geprägt, und noch heute begegnet man den gelben und roten Backsteinbauten in vielen Straßen, obwohl ein großer Teil der eigentlichen Kasernen in den letzten 30 Jahren anderen Bauten Platz machen mußte.

Eines der weniger militärisch aussehenden Heeresinstitute war die Brieftaubenstation, die 1901 von Köln nach Spandau verlegt wurde. Ihre Gebäude am früheren Askanierring (heute Flankenschanze) mußten bis auf eins dem Bau des Falkenseeer Dammes weichen. An den Einsatz der Brieftauben im Ersten Weltkrieg erinnert seit 1939 das Brieftaubendenkmal im Wröhmännerpark. Seine bronzenen Vogelplastiken von Georg Roch wurden 1943 eingeschmolzen; 1963 erhielt der Granitfindling eine neue Vogelgruppe nach dem Modell des Bildhauers Paul Brandenburg.

Westlich des Askanier- und Hohenzollernringes erstreckten sich früher die Specktewiesen, an deren südlichem Rande die Seegefelder Straße in Richtung des gleichnamigen Dorfes läuft. Diese Gegend, die schon zum Stadtteil Klosterfelde gehört, wurde auch das »Besenbinderviertel« genannt, wegen der armen Leute, die sich mit Besenbinden von Birken-

Die Scharfrichterei und Abdeckerei, die seit etwa 1813 östlich vom Galgenberg am Ende der heutigen Borkzeile lag. Die Abdeckerei belästigte mit ihrem Gestank die Klosterfelder Einwohner, bis sie 1914 einging. Das Gehöft wurde 1933 abgerissen

Die Wohnhäuser der »Gemeinnützigen Baugesellschaft Adamstraße mbH« an der Kreuzung Zeppelinstraße/Falkenhagener Chaussee, erbaut 1924 bis 1926 durch Adolf Steil nach den Entwürfen von Richard Ermisch. Das Bild aus dem Jahre 1928 zeigt noch die nicht mehr vorhandenen charakteristischen Spitzen auf den turmartigen Eckhäusern, die den expressionistischen Stil der Wohnanlage noch stärker betonten als heute

Blick in die Neuendorfer Straße um 1920. Links, an der Normaluhr, die Ecke der Schönwalder Straße; rechts die Ecke Neuendorfer Straße 5/Wröhmännerstraße

◁ *Die 1908/09 nach Entwürfen von Christoph Hehl erbaute katholische St.-Marien-Kirche an der Galenstraße (früher Moltkestraße) und die ihr gegenüberliegende »Jubiläumsturnhalle«, die 1907/08 aus Anlaß der Silbernen Hochzeit des Kaiserpaares am 27. Februar 1906 von der Stadt erbaut wurde*

◁ *Das Kaiser-Wilhelm-Denkmal an der Neuendorfer Straße neben der evangelischen Garnisonkirche wurde am 14. April 1909 enthüllt. Das Modell für die bronzene Reiterfigur schuf der Bildhauer Franz Dorrenbach, der Entwurf für den Sockel stammt von dem Architekten Josef Scherer. Im September 1942 wurde das Denkmal abgebrochen, um eingeschmolzen zu werden*

reisern, die sie im Stadtwald stahlen, ernähren mußten. Kurz vor der jetzigen »Klosterfeld-Schule« zweigt die Hochgerichtstraße nach Norden ab und in ihrer Verlängerung die Zeppelinstraße. Sie wurde 1907 bis 1909 ausgebaut, als noch niemand hier wohnte. Ihren Namen bekam sie 1909 in der Begeisterung über die Fahrten des Grafen Zeppelin mit seinem Luftschiff LZ 4 und der der Katastrophe von Echterdingen folgenden Zeppelinspende des deutschen Volkes. Die erste zusammenhängende Wohnhausbebauung in der Zeppelinstraße entstand 1924 bis 1926 zwischen Speckteweg und Falkenhagener Chaussee. Östlich der Hochgerichtstraße lag der Galgenberg, von 1841 bis 1846 die Richtstätte für die Gerichtsbezirke Berlin und Potsdam. Die Scharfrichterei mit der Abdeckerei lag auf der anderen Seite des Galgenberges nahe der Straße »An der Kappe«. In der Scharfrichterei hatte 1887 der »berühmte« Scharfrichter Krauts seinen Wohnsitz.

Die Fortschritte der Waffentechnik gegen Ende des 19. Jahrhunderts hatten die Befestigungswerke um Spandau schneller veralten lassen, als es ihren Erbauern lieb war. So hatten die fortgesetzten Petitionen des Magistrats um Aufhebung des Festungscharakters endlich Erfolg, als der Kaiser an seinem Geburtstag, dem 27. Januar 1903, durch Kabinettsorder die Entfestigung anordnete. Dadurch entfielen sofort alle Baubeschränkungen im Vorfeld, während der Abbruch der Befestigungen selbst erst in den Jahren 1908 bis 1912 erfolgte. Das frei gewordene Gelände blieb zum Teil in der Hand des Fiskus, zum Teil ging es als Entschädigung für die Übernahme der Kosten für die Schleifung und Erschließung an die Stadt über. Die Straßenzüge des Askanierringes und des Hohenzollernringes bezeichnen die innere und äußere Seite des ehemaligen Befestigungsgürtels.
Auf damals noch freiem Feld an der Ecke Askanierring/Moltkestraße baute sich die inzwischen auf über 9000 Seelen

Eingang vom Hof.

angewachsene katholische Gemeinde Spandaus ihr neues Gotteshaus in romanischen Formen. Dieses und die gegenüberliegende »Jubiläumsturnhalle«, wurden am 6. Oktober 1944 durch Bomben schwer beschädigt. Während die Turnhalle abgebrochen wurde, konnte die St.-Marien-Gemeinde dank der Bemühungen des Oberbaurates Felix Lukanek am 22. Mai 1952 ihr Gotteshaus wieder einweihen.
Altstädter Ring und Falkenseer Platz haben die früher hier stehenden Kasernen verdrängt und eine leistungsfähige Umgehungsstraße um Spandau geschaffen, die Altstadt aber zur Insel gemacht. Auch die Neuendorfer Straße bekam dabei eine neue Führung, die über den Platz der ehemaligen evangelischen Garnisonkirche läuft. Kurz vor der Abzweigung der Schönwalder Straße ist Nr. 101 das Geschäftshaus des »Spandauer Volksblatt«, das um 1890 als Wohnhaus entstand. Hier war seit 1905 die Druckerei der 1894 gegründeten »Spandauer Zeitung«. Für das »Spandauer Volksblatt« hatte der Journalist Erich Lezinsky 1946 die Lizenz der Militärregierung erhalten. Er war bis 1933 Redakteur am SPD-eigenen »Volksblatt für Spandau und das Havelland«, das nach 1933 sein Erscheinen einstellen mußte. Das ehemalige Druckereigebäude des Volksblattes in der Seegefelder Straße beherbergte erst das Amtsgericht und seit 1956 die Hauptstelle der Spandauer Stadtbücherei.
Von der Schönwalder Straße zweigen am Bismarckplatz die Feldstraße und die Falkenhagener Straße ab. In diesem Teil der Neustadt waren die Festsäle und Cafés sehr häufig, wie zum Beispiel die »Bismarck-Säle«, Feldstraße 52, »Pohles Festsäle«, Neuendorfer Straße 91, das »Kaiser-Café«, Schönwalder/Ecke Neuendorfer Straße und die »Kaiser-Säle« von R. Sawade in der Schönwalder Straße 98–99, die sich besonderer Beliebtheit erfreuten. Der Schönwalder Straße gegenüber, Hafenplatz/Ecke Neuendorfer Straße, lag seit den fünfziger Jahren des vorigen Jahrhunderts das »Odeum«, ein großer, aber einfacher, mehr scheunenähnlicher Tanz- und Theatersaal, in dem die wandernden Theatergruppen häufig ihre Gastspiele gaben. 1888 wurde es abgebrochen, und die Künstlertruppen mußten andere Bühnen suchen.

◁ *Der Bismarckplatz an der Gabelung der Feld- und Schönwalder Straße, etwa 1912. Das Bismarck-Denkmal entstand auf Grund der Initiative eines Denkmalkomitees nach dem Entwurf des Bildhauers Georg Meyer-Steglitz und wurde am 10. Mai 1901 enthüllt*

◁ *In den Gründerjahren entstand das Haus Schönwalder Straße 105. Vor der Verlängerung der Straße in der Mitte der neunziger Jahre trug es die Nr. 77. Sein Äußeres ähnelt den Villen, die Martin Gropius in Berlin baute. Um 1900 gehörte es dem Malermeister Franz Pergande, außerdem wohnte der Kreisphysikus Dr. Jaenicke hier. Um 1910 wurde es zugunsten eines größeren Mietshauses abgebrochen*

Der große Festsaal der »Bismarck-Säle« in der Feldstraße 52, Anfang der dreißiger Jahre. A. Kochs Bismarck-Säle waren einer der geschmackvollsten und beliebtesten Saalbauten im Vorkriegs-Spandau

Der 1910 erbaute neue Wasserturm an der Gabelung Feld- und Blumenstraße. In der Grünanlage hinter dem Turm lag der 1852 angelegte erste Turnplatz Spandaus, der noch bis nach dem Ersten Weltkrieg bestand. Jetzt befindet sich hier die »Wilhelm-Leuschner-Schule«

◁ *Eine Ballonaufnahme der Spandauer Befestigung an der Nordwestecke der Neustadt, um 1900. Links unten in der Ecke sieht man ein Stück des durch den Wall führenden Falkenhagener Tores, darüber die Bastion V; rechts davon die Bastion VI, neben der, auf dem Bild nicht mehr zu sehen, das Fehrbelliner Tor lag. Gut sichtbar sind die vom Glacisweg ausgehenden Feldwege durch die Ackerfluren der Spandauer Bauern. Am rechten Bildrand ist das Stück der Fehrbelliner Straße zwischen Heidestraße und Fehrbelliner Tor mit den Gebäuden des Bekleidungsamtes zu erkennen. Am unteren Bildrand in der Mitte sind die Reste der »Hügelschanze« von 1813 mit dem »Kriegslaboratorium« zu sehen. Links davon, auf einer kleinen Erhebung, die Bockwindmühle von Paschker, die 1904 abgebrochen wurde und an die noch die Straße »Windmühlenberg« erinnert. Das Gleis der auf der inneren Wallstraße laufenden »Kriegsbahn« ist mehr zu ahnen als zu sehen*

◁ *Das Anwesen der Ackerbürgerfamilie Marzahn, Falkenhagener Straße 19–22. Es wurde 1911 abgebrochen, um Mietshäusern Platz zu machen*

Von Bedeutung wurde auch der Saalbau des Hotels »Roter Adler« in der Carl-Schurz-Straße. Hier hatte Direktor Emil Passig von 1907 bis 1914 unter dem Namen »Neues Stadttheater« Possen, Lustspiele und Operetten gespielt. Es wurde auch schon vor dem Ersten Weltkrieg als Kino benutzt und erhielt in den zwanziger Jahren den Namen »Odeum«. Das 1912 projektierte Stadttheater, das gegenüber dem neuen Rathaus erbaut werden sollte, kam wegen des Kriegsausbruchs nicht zur Ausführung. Nach dem Ersten Weltkrieg drängte der Film in den Vordergrund, und für die Theaterfreunde war Berlin jetzt auch durch bessere Verkehrsverbindungen schneller zu erreichen. Um 1930 hatte Spandau fünf Kinos, in den fünfziger Jahren spielten zwanzig Kinos im Bezirk, und heute gibt es nur noch eins.

Die Falkenhagener Straße führte durch das Tor in der Umwallung nach dem gleichnamigen Dorfe. Die Ackerbürger, die ihre Felder und Wiesen hier draußen hatten, wohnten innerhalb der Stadt auf bauernhofähnlichen Anwesen, so daß man sich noch um 1900 wie auf das Land versetzt fühlen konnte. Der nördliche Teil der Falkenhagener Straße war um 1890 noch unbefestigt und bei schlechtem Wetter so morastig, daß die Leichenwagen, die zum Friedhof in der Pionierstraße wollten, des öfteren im Schlamm steckenblieben. An der Gabelung Falkenhagener und Birkenstraße stand der ältere der beiden Spandauer Wassertürme. Die Stadt hatte aus Geldmangel erst 1897 ein eigenes Wasserwerk in Betrieb nehmen können. Bis dahin mußten die Einwohner sich mit Hebeanlagen in den Häusern und den Brunnen auf ihren Höfen begnügen. Das Werk lag in der Pionierstraße (wo es in erweiterter Form heute noch ist), und das Hauptrohr führte von hier durch das Falkenhagener Tor in die Stadt, wo unweit des Tores der 1897 erbaute und 1936 abgebrochene Turm stand. Bei der Erweiterung des Werkes 1910/11 wurde der Eisenfachwerkturm in der Feldstraße errichtet. Zur gleichen Zeit wie das Wasserwerk wurde die Abwässerkanalisation geschaffen. Die Pläne für beide Einrichtungen entwarf der Ingenieur Pfeffer, an den der Pfefferweg an der Wasserwerkstraße erinnert. In den Straßen zwischen Askaniering und Schönwalder Straße ist noch viel vom Spandau der Zeit vor hundert Jahren erhalten. Trotz mancher Kriegszerstörungen ist der Landstadt- und Vorstadtcharakter hier so ausgeprägt wie fast nirgendwo mehr in Berlin. Wer sich die Mühe macht, die Höfe der Häuser zu besuchen, zum Beispiel in der Ackerstaße oder die 1865 erbauten Familienhäuser in der Emdenzeile (früher Bergstraße), bekommt noch eine Vorstellung von den Wohnverhältnissen der minderbemittelten Bevölkerungsteile. Ackerstraße 15 schiebt sich der Backsteingiebel der Katholisch-Apostolischen Kirche von 1897 zwischen die Wohnhäuser. Das alte Gebäude des »Hospitals zum Heiligen Geist«, Fehrbelliner/Ecke Marschallstraße, mußte vor einiger Zeit einem zeitgemäßen Neubau weichen, der die Traulichkeit der alten Anlage nicht mehr besitzt. Aber die alte, 1877 erbaute »Herberge zur Heimath« für wandernde Handwerksburschen existiert noch in der Falkenhagener Straße.

Reichsführerschule
des Deutschen Arbeitsdienstes.

Am Klinkeplatz vor dem ehemaligen Fehrbelliner Tor wurde am 31. Mai 1908 das von Wilhelm Wandschneider modellierte Denkmal des »Pioniers Klinke« enthüllt

◁ *Die »Schülerberg-Kaserne« in der Schönwalder Straße im Jahre 1925, als sie Unterkunft der »Preußischen Polizeischule für Leibesübungen« war. Der 1879 errichtete gelbe Backsteinbau war von 1896 bis 1914 Kaserne des Pionier-Bataillons von Rauch (Brandenburgisches) Nr. 3 und danach seiner Ersatzformation. (Heute Alexander-Barracks der britischen Schutzmacht)*

◁ *Das Gebäude des Lehrerseminars am Hohenzollernring im Jahre 1933, als es eine »Reichsführerschule des Deutschen Arbeitsdienstes« beherbergte. Es ist heute zusammen mit der ehemaligen Landesturnanstalt ein Teil der Polizeischule*

Unweit des Klinke-Denkmals steht vor der ehemaligen Landesturnanstalt in der Radelandstraße ein Denkmal für den »Turnvater« Friedrich Ludwig Jahn, das aber nicht diesen selbst zeigt, sondern eine sich aus den Fesseln der Erde emporreckende, überlebensgroße Jünglingsgestalt. Das von Ernst Wenck geschaffene Denkmal wurde am 6. Juli 1929 enthüllt

Am Ende der Schönwalder Straße liegt die »Schülerberg-Kaserne«, deren Name an die einst sich von hier bis zur Neuendorfer Straße erstreckenden »Berge« – von dürftigem Kieferngestrüpp bewachsene Sandhügel – erinnert, die beim Bau der Artillerie-Wagenhäuser 1875 abgetragen wurden. Mit dem Sand wurden die »Wröhmännerwiesen« aufgehöht, um auf ihnen Lager- und Stätteplätze anzulegen. 1913 ließ die Stadt hier den schönen Park schaffen, in welchem das kleine Wasserbecken noch ein Rest des alten Spandauer Hafens von 1858 ist.

Vor dem ehemaligen Fehrbelliner Tor liegt links an der Radelandstraße das schon erwähnte, 1911 eröffnete Stadtbad und benachbart das Lehrerseminar und die Landesturnanstalt. Gegenüber, die Landhauskolonie »Radeland«, ist das durch die Parzellierung städtischen Geländes mit der Auflage »landhausmäßiger Bebauung« seit 1905 entstandene »Villenviertel« Spandaus. Den Anfang der Schönwalder Allee bildet hier der Klinkeplatz mit dem Denkmal zur Erinnerung an den Heldentod des Pioniers Klinke bei der Erstürmung der Düppeler Schanzen 1864. Auf der rechten Seite der Allee liegen, durch einen breiten Streifen alten Eichenbestandes von der Straße getrennt, die ausgedehnten Wohnsiedlungen von Hakenfelde; links, am Anfang des Stadtparkes, die ehemalige städtische Oberförsterei. Der Stadtforst, ursprünglich etwa 1500 Hektar groß, war und ist noch heute der wertvollste ökologische Bestandteil der

Stadt. Wenn er auch an den Rändern etwas angeknabbert ist, die »Bötzowbahn« ihn durchzieht und das Johannesstift etwa 77 Hektar Waldland erwarb, so ist er doch eines der schönsten Erholungsgebiete Berlins. Durch den Landschaftsschutz sollen auch seine natürlichen Eigenarten erhalten bleiben. Die Stadt hatte den Forst im Jahre 1862 dem Kronprinzen als Jagdrevier verpachtet. Der 99-Tage-Kaiser Friedrich III. hielt sich hier gern auf, allerdings weniger um zu jagen, sondern um sich an der stillen Waldesnatur zu erfreuen. Im Jagen 69 erinnert noch die »Kronprinzenbuche« und ein Gedenkstein an den Aufenthalt des Monarchen. Begreiflich, daß die Stadt ihm in Dankbarkeit 1892 das Denkmal am Lindenufer errichtete.

Mitten durch den Stadtforst verläuft die Strecke der Osthavelländischen Kreisbahn zwischen Spandau West und Bötzow. Dem Bau dieser Bahn gingen jahrelange Auseinandersetzungen über den Verlauf der Trasse voraus, bis im Jahre 1906 die Vorarbeiten aufgenommen werden konnten. Der Betrieb zwischen Bötzow und dem Bahnhof Johannesstift wurde am 1. Mai 1909 eröffnet, der Güterverkehr auf der Gesamtstrecke bis Spandau West Ende 1909 und der Personenverkehr am 1. Mai 1912. Der Bahnverkehr wurde mit drei Lokomotiven vom Typ »T 3«, drei Personenwagen, einem Gepäckwagen und 16 Güterwagen bewältigt. Die heute als »Osthavelländische Eisenbahn AG« firmierende Nachfolgerin betreibt seit 1949 nur noch den Güterverkehr.

Eine Lokomotive vom Typ »T 3« der »Bötzowbahn« beim Halt auf dem Bahnhof Johannesstift, nach 1945. Diese Lokomotiven versahen ihren Dienst noch bis in die Mitte der fünfziger Jahre

Das neue Verwaltungsgebäude liegt beim Bahnhof Johannesstift.

Dem Bahnhof gegenüber liegt der Haupteingang zum Stift. Johann Hinrich Wichern aus Hamburg hatte es 1858 in Berlin-Moabit gegründet. Von 1864 bis 1910 lag es in der Nähe von Plötzensee auf dem Gelände des heutigen Westhafens. Aus dem Erlös von 11,5 Millionen Mark, den das Stift für den Verkauf seines Geländes an die Stadt Berlin erzielte, die hier von 1914 bis 1927 den Westhafen baute, konnte der Erwerb des Waldgrundstückes und die Errichtung der Neubauten in Spandau finanziert werden. Von 1908 bis 1910 wurden die 32 Gebäude nach den Plänen der Architektengemeinschaft Solf & Wichards errichtet. Nach dem Tode Hermann Solfs im Jahre 1909 führte Otto Kuhlmann die Arbeiten zu Ende, von ihm ist auch die Kirche erbaut worden. Die Einweihung des Stiftes fand am 18. September 1910 statt. Seit 1950 wurden nach Behebung der Kriegsschäden umfangreiche Neubauten errichtet, die zum großen Teil von dem Architekten Otto Block entworfen wurden, so daß das Stift jetzt über 50 Häuser umfaßt.

Der Haupteingang zum Johannesstift, um 1925. Im Hintergrund die Stiftskirche, durch die auf sie hinführende Allee als architektonischer wie auch geistiger Mittelpunkt des Stiftes betont. Der Eingang ist jetzt durch den Bau eines neuen Pförtnerhauses verändert

Der alte Schwanenkrug an der Straße nach Schönwalde im Jahre 1919. Er gehörte damals dem Gastwirt Wilhelm Mahnkopf aus der alten Spandauer Familie. Früher ein beliebtes Wanderziel, etwa eine Viertelstunde von der Stadtgrenze entfernt, ist er jetzt von Spandau aus nicht mehr erreichbar

Die Schultheiss-Brauerei in der Neuendorfer Straße 26–29, um 1935. Das 1928 von Hermann Dernburg erbaute Verwaltungsgebäude wurde bei Behebung der Kriegsschäden in der Dachzone verändert. Das Brauereigebäude an der Havel wurde 1904 errichtet und hatte wegen seiner turmartigen Dachaufbauten im Volksmund den Namen »Bierkirche« bekommen. Noch heute kann man die Pferdegespanne von Schultheiss in den Straßen des Berliner Südens bestaunen

Die Aufgaben des Johannesstiftes haben sich mehrfach gewandelt. Heute sind es die Bereiche Ausbildung, Pflege, Erziehung, Werkstätten und Betriebe sowie Beherbergung. Es ist auch der Ort kirchenpolitischer Tagungen und Versammlungen. Mehr als 2500 Menschen leben und arbeiten hier. Für sie und für viele andere außerhalb der Stiftsmauern ist das Johannesstift als geistiger und materieller Kraftquell nicht mehr wegzudenken.

Die Schönwalder Allee führt vom Johannesstift noch etwa vier Kilometer weiter durch den Wald bis zur Stadtgrenze. Schon immer war hier ein beliebtes Wandergebiet, nur daß es früher nicht durch die Staatsgrenze zwischen Berlin und der DDR unterbrochen wurde. Der müde Wanderer kehrte meistens im altertümlichen »Schwanenkrug« ein, der etwa einen Kilometer von der Stadtgrenze entfernt lag. Er wurde 1785 als Ersatz für den abgebrannten Schönwalder Dorfkrug hier an der Landstraße nach Fehrbellin und Neuruppin erbaut. Er war kein Postkrug und kein Braukrug, sondern einer der 29 Schankkrüge im Umland der Stadt Spandau, in denen nur hier gebrautes Bier verschänkt werden sollte. Solche Vorhallen- oder Laubenhäuser wie der Schwanenkrug sind in der Mark Brandenburg nur noch ganz selten anzutreffen und daher schützenswerte Denkmäler heimatlicher Kultur. –

Das Gebiet östlich der Schönwalder Straße bis zur Neuendorfer Straße ist nicht mehr so vorstädtisch wie das Ackerbürgerviertel auf der anderen Seite. Hier hatte sich in den neunziger Jahren ein richtiges Mietskasernenviertel entwikkelt, als dessen räumlicher Mittelpunkt die 1896 erbaute Lutherkirche erscheint. Seit 1894 besteht hier auch das städtische Krankenhaus an der Lynarstraße, das man 1926 durch Hinzukauf des benachbarten Garnisonlazaretts bis zur Neuendorfer Straße erweiterte. Die Lutherstraße führt von der Kirche direkt auf die Schultheiss-Brauerei an der Havelseite der Neuendorfer Straße zu. Hierher hatte der Spandauer Brauer Emil Leue etwa im Jahre 1876 seine »Bayerisch-Bier-Brauerei« aus der Charlottenstraße verlegt, weil in der Stadt der Raum zu eng geworden war. 1897 verkaufte er sein Unternehmen an die Patzenhofer-Brauerei in Berlin, die es als »Abteilung Spandau« weiterführte. Wichtig für Patzenhofer war der Wasseranschluß auf der Havel, weil von hier aus per Schiff das Absatzgebiet der westlichen Provinz Brandenburg gut erreicht werden

Das alte, 1820 erbaute Schützenhaus in der Neuendorfer Straße 38–40 kurz vor dem Abbruch im Jahre 1950. Auf den Pfeilern der Einfahrt die Pfeilerbekrönungen des ehemaligen Potsdamer Tores in Form brennender Granaten

Gruppenbild der Spandauer Schützengilde nach dem Königs-Freischießen anläßlich des 600jährigen Jubiläums der Gilde am 17. Oktober 1934. In der vorderen Reihe der 7. von links ist Friedrich Koeltze, rechts neben ihm Hermann Poritz, der Vorsteher der Gilde und daneben der Schützenkönig von 1934, Otto Prager

Der Wansdorfer Platz im Jahre 1931. Als Teil der ausgedehnten Hakenfelder Siedlung der »Charlottenburger Baugenossenschaft« wurde das »Hochhaus« auf der Nordseite des Wansdorfer Platzes 1929 erbaut. Die ersten Grünanlagen auf dem Platz wurden 1933 geschaffen

konnte. 1904 wurden die älteren der jetzt noch stehenden Betriebsgebäude erbaut. Durch die Fusion von Schultheiss und Patzenhofer im Jahre 1920 ist die Spandauer Brauerei ein Teil des (damals) größten Brauereikonzerns der Welt geworden. Der Name »Patzenhofer« verschwand 1938 aus dem Firmennamen, aber noch heute erinnert das Export-Bier »Patz-Pils«, das hier gebraut wird, an den alten Namen.
Gegenüber dem Garnisonlazarett lag in der Neuendorfer Straße 38–40 das alte Schützenhaus. Die Spandauer Schützengilde führt ihr Bestehen auf das Jahr 1334 zurück, als die Bürgerschaft vom Markgrafen Ludwig dem Bayern als Lohn für die Teilnahme an der Schlacht am Kremmer Damm die Erlaubnis zur Errichtung einer Schützengilde bekommen haben soll. Historisch gesehen ist das eine Legende, denn die »Schlacht« am Kremmer Damm hat nie stattgefunden, aber die Errichtung einer Gilde kann durchaus in diese Zeit gesetzt werden, da solche überhaupt erst seit der Mitte des 14. Jahrhunderts entstanden. Das Schützenhaus in der Neuendorfer Straße wurde 1820 erbaut und war schon das dritte Heim der Gilde seit ihrem Bestehen. 1876/77 wurde neben dem alten Haus der Saalbau errichtet, der im Zweiten Weltkrieg zerstört wurde. Da hatte die Gilde aber schon lange ihre Schießstände und ihren Schützenhof in der Nieder-Neuendorfer Allee, wo sie am 14. Mai 1912 eingeweiht worden waren. Das alte Grundstück ging im Tausch an die Stadt über, die es zur Erweiterung der 1858 an der Parkstraße errichteten Gasanstalt verwendete. Wenn auch nicht mehr zur Förderung der Wehrkraft Spandaus, so doch zur Förderung des Schießsports und nicht zuletzt als Teil des geselligen Lebens spielt die Schützengilde noch heute in Spandau eine nicht zu übersehende Rolle.
Der durch Hakenfelde laufende Teil der Landstraße nach Nieder-Neuendorf ist die Streitstraße. Bis um 1900 wohnte infolge der Rayonbeschränkungen fast niemand hier draußen, nur in der Gegend von »Pepitas Ruh« in der Hakenfelder Straße waren ein paar Anwohner zu zählen. Im Jahre 1910 hatte die 1907 gegründete »Charlottenburger Baugenossenschaft« hier am Grafenwalder Weg und Hohenzollernring ein Grundstück für den Wohnungsbau erworben. Gegen den erbitterten Widerstand der privaten Hausbesitzer konnte sie 1912 mit dem Bau beginnen und die Wohnungen bis Juli 1913 vollenden. Weitere sechs Bauabschnitte folgten, so daß bis 1918 insgesamt 613 Wohnungen fertig waren. Der Andrang der Wohnungsuchenden war groß, so daß bei den preiswerten Mieten keine Absatzschwierigkeiten bestanden.

Werkshof der »Fournier- und Sägewerke David Francke Söhne« in der Streitstraße in Hakenfelde, vor dem Abriß 1938. Die Dampfschneidemühle von David Francke bestand in Spandau seit 1853

Das auf dem ehemaligen Franckeschen Gelände von 1939 bis 1942 durch Hans Hertlein erbaute »Luftfahrtgerätewerk«, eine Tochtergesellschaft der Siemens & Halske AG. Das Gebäude des 1945 demontierten Werkes wird seit 1950 als Schulhaus und Hospital genutzt

Die Endhaltestelle der Linie »H«, Bahnhof Spandau West – Hakenfelde, in Hakenfelde im Jahre 1917, als bereits viele Frauen den Fahrer- und Schaffnerdienst versahen

Tessnows Volksgarten, der bis 1939 am Hakenfelder Weg/ Ecke Michelstadter Weg lag. Nach einer Ansichtspostkarte um 1905

Das ehemalige Restaurant »Stadtpark« in der Schönwalder Allee 5–8/Ecke Cautiusstraße. Das Fachwerkhaus ist der frühere »Lehrter Bahnhof«, der bis 1966 hier stand

Nach Beendigung der Inflation setzte die Bautätigkeit der »Charlotte« erneut ein, und es entstanden auf ihrem Hakenfelder Gelände bis 1939 noch 1155 Wohnungen. Als Bauteil XIII war dabei auch das »Hochhaus« am Wansdorfer Platz. Nach 1955 hat die Genossenschaft hier, z.B. auf dem Gelände des ehemaligen »Volksgartens Hakenfelde« am Michelstadter Weg, noch weitere Wohnungen gebaut. Der Industrieansiedlung vorbehalten bleiben sollte das Gelände an der Havel, doch der Andrang hierher war nicht groß, da es vor dem Ersten Weltkrieg und auch noch lange danach überall im Berliner Raum günstig gelegene Industriegrundstücke gab. (Auf die Idee, das Havelufer dem erholungsuchenden Großstädter zu erschließen, kam damals niemand.) Die heutigen Grundstücke Streitstraße 5–10 gehörten der »Fournier- und Sperrholzwerke Francke GmbH«, mit Lagerplätzen und Sägewerk. Diese Firma, seit 1853 in Spandau ansässig, hatte auch in Berlin umfangreichen Besitz. Das zuletzt im Eigentum der Franckeschen Erben befindliche Gelände mußte 1938 und 1942 dem Reichsluftfahrtfiskus abgetreten werden, der hier ein Luftfahrtgerätewerk errichten ließ, in dem die Siemens-Tochtergesellschaft »Luftfahrtgerätewerk Hakenfelde GmbH« ihre Fertigung aufnahm. So ungern Carl Friedrich von Siemens mit den Behörden der Luftwaffe zusammenarbeitete – sein Flugmotorenwerk zum Beispiel verkaufte er 1939 an die BMW – auf dem Gebiet der Elektrotechnik konnte er sich den Anforderungen des Staates nicht entziehen. Das Werk arbeitete nur drei Jahre, bis April 1945, dann wurde es demontiert. Seit 1950 nutzt das Bezirksamt Spandau den großen Gebäudekomplex, indem im vorderen Gebäudeteil drei Schulen untergebracht sind, während sich im rückwärtigen Flügel zur Havel hin ein Hospital befindet.

Waldschlößchen Haakenfelde.

Vorläufige Anzeige.

Von allen Seiten ist an mich der Wunsch ergangen, auch dieses Jahr ein **Erntefest** nach altdeutscher Sitte zu veranstalten. Ich werde im Verein mit tüchtigen, zu diesem Zweck gewonnenen Arrangeuren am **Sonnabend, den 17. August**, ein Erntefest nach altdeutscher Sitte, welches an Großartigkeit, Komik und zwergfellerschütternden Scenen reich sein wird, veranstalten. Zu diesem Zwecke wird mein Etablissement festlich decorirt, die Festzüge in vollständigen **altdeutschen National-Costümen** abgehalten und die betreffenden Ernte-Tableaux auf drehendem Piedestal bei **prachtvoller Beleuchtung** gestellt werden. Hinsichtlich der Restauration habe ich für diesen Tag die billigsten Preise gestellt. So werde ich für 5 Sgr. eine prachtvolle Portion Kaffee mit sechs Stücken Kuchen verabreichen zc. Ich erlaube mir also, ein verehrtes Publikum und die Herren Ackerbürger insbesondere zu diesem alles bisher Dagewesene an Großartigkeit übertreffenden Feste einzuladen, und verspreche ich allen mich Beehrenden einen vergnügten Tag.

Die Herren Gutsbesitzer und Ackerbürger, welche den Festzug zu Pferde mitzumachen wünschen, ersuche ich gefälligst bis Freitag um Anmeldung. **Kostüme** stehen zur Verfügung.

Das Nähere enthalten die Tageszettel sowie das Wochenblatt.

A. Stavenau.

Druck von J. Sauerteig in Spandau.

Aufmarsch bei einem Turn- und Spielfest auf dem im Jahre 1920 angelegten städtischen Sportplatz Hakenfelde an der Wichernstraße

Für die seit 1913 in Hakenfelde wohnenden Spandauer – von 1914 bis 1917 wurde noch die »Waldsiedlung« mit 250 Wohnungen errichtet – war die einzige Verkehrsverbindung in die Stadt die Straßenbahn. Die nach der Farbe ihres Zielschildes »grüne Linie« genannte Strecke nach Hakenfelde wurde am 21. Mai 1904 eröffnet; 1907 war ihr Umbau von Schmalspur auf Normalspur beendet; 1908 wurden die Linienkennzeichen eingeführt, die aus einer schwarzen Scheibe mit dem in Weiß aufgemalten Linienbuchstaben bestanden, sie wurden nach den Anfangsbuchstaben der von der Stadt abgewandten Fahrziele benannt, wobei Hakenfelde ein »H« erhielt; 1916 wurde die Linie zum Bahnhof Spandau West geführt; 1917 erhielten die Spandauer Straßenbahnen Nummern statt der Buchstaben, aus der Linie »H« wurde die »3«. Der Betrieb der Spandauer Linie »3« wurde 1921 eingestellt und dafür die Berliner Linie »P« von Neukölln nach Hakenfelde geführt. Seit September 1923 fuhr die »54« und seit 1927 zusätzlich die »75« hierher, bis die Straßenbahnen 1966 und 1967 ihren Betrieb völlig einstellten. Hakenfelde war mit seinen Gartenlokalen eines der beliebtesten Ausflugsziele Spandaus. Das älteste von ihnen war das »Waldschlößchen Hakenfelde«, das zuletzt als »Pepitas Ruh« bekannter war. Der Spandauer Bürgermeister Cautius hatte hier draußen 1691 einen Garten angelegt, den sein Schwiegersohn, der Kaufmann Haake, später in eine Meierei mit Orangerie, Wirtschaftsgebäuden usw. umwandelte. Das Hauptgebäude, das bis 1954 erhalten war, wurde um 1760 erbaut, der Mittelbau 1823 aufgestockt und im Zeitgeschmack klassizistisch dekoriert. Der Name von Haakes Meierei ging schließlich auf ihre ganze Umgebung über. Die berühmte spanische Tänzerin Pepita de Oliva kaufte den Landbesitz im Oktober 1860 vom Finanzrat Gustav Degener, der seit 1856 Eigentümer des Gutes war. Sie hatte es im Auftrag ihres Geliebten, des Grafen Sackville-West erworben und von diesem 1861 geschenkt bekommen. Oft kann sie sich hier nicht aufgehalten haben, denn schon im September 1862 zog sie nach Paris, und im August 1863 verkaufte sie ihr Anwesen an den Gastwirt Gustav Stavenau. Dieser nannte das Gut »Waldschlößchen Hakenfelde« und versuchte mit viel Erfindungsgeist sein Besitztum zu einem beliebten und gut besuchten Ausflugsort zu machen. Die hier abgebildete Anzeige aus dem Jahre 1867 zeigt, was dem Publikum alles geboten wurde. Später wurden im Gutshaus auch Zimmer an Sommerfrischler vermietet, 1892 standen 21 Räume zur Verfügung. Das Waldschlößchen war im Laufe der Jahre eines jener typischen Ausflugslokale geworden, wie sie in der Umgebung Berlins nicht selten waren. Nach dem Ersten Weltkrieg wurde das Grundstück aufgeteilt, den

Blick über die Anlagen des Güterbahnhofes Spandau hinüber zur Altstadt, etwa 1939

südlichen Teil bebaute 1939 die »Charlotte« mit einer Wohnanlage, das alte Schlößchen verschwand 1954, um einem Mietshaus Platz zu machen.
Dem Waldschlößchen benachbart, am heutigen Michelstadter Weg, entstand 1874 das Lokal »Eichenhain«, der spätere »Volksgarten Hakenfelde«. Auch er hatte seine Blütezeit vor dem Ersten Weltkrieg und kam 1939 in den Besitz der Charlottenburger Baugenossenschaft. Am Knick der Hakenfelder Straße nach Süden lag seit 1889 das Restaurant »Karlslust« mit Tanzsaal und Kegelbahn. Es erlangte im Februar 1947 eine traurige Berühmtheit, als es in einer bitterkalten Winternacht abbrannte, wobei 82 Gäste den Tod fanden. Ein kleineres Lokal an dieser Stelle bestand noch bis 1970.
Bedeutender war das Restaurant »Stadtpark« in der Schönwalder Allee, dessen Fachwerkbau das ehemalige Empfangsgebäude des Lehrter Bahnhofes war, das 1890 an seiner alten Stelle – auf dem Gelände des jetzigen Güterbahnhofes – abgebrochen und 1891 hier als Restaurant aufgebaut wurde. Einer seiner Wirte hieß übrigens »Erbsmehl«. 1966, also nach fünfundsiebzigjährigem Bestehen, wurde auch der »Stadtpark« geschlossen und abgebrochen.

★

Von Hakenfelde gelangt man schnell mit der Straßenbahn zum Bahnhof Spandau West, um von hier aus die Vorstädte Klosterfelde und Wilhelmstadt zu durchwandern. Die Eisenbahndämme und das Güterbahnhofsgelände trennen die südlichen Vorstädte von der Altstadt, und nur einige Unterführungen stellen eine leidliche Verbindung her. Der entlang der Bahn liegende Stadtteil Klosterfelde trägt seinen Namen nach dem Benediktiner-Nonnenkloster, das 1239 gegründet wurde. Die Lage des 1626 abgebrochenen Klosters vermutet man zwischen der heutigen Ruhlebener und Sedanstraße auf der Havelseite. Auch das Heilige-Geist-Hospital und das

Die 1893 erbaute Melanchthonkirche am gleichnamigen Platz, um 1930

St.-Georgen-Hospital liegen hier vor dem Klostertor, dem späteren Potsdamer Tor. Die weitgehenden Baubeschränkungen infolge der Rayoneinteilung des Festungsvorfeldes gestatteten erst etwa einen Kilometer vor den Festungswerken die Errichtung massiver mehrstöckiger Gebäude. So erklärte sich die von der Stadt entfernte Lage des 1889 eröffneten Schlachthofes und der entlang der Hamburger Straße angesiedelten Industriebetriebe. (Vor dem Bau der Heerstraße durch den Grunewald lief der Verkehr nach Hamburg durch Spandau und Staaken über die Hamburger Straße, dem jetzigen Brunsbütteler Damm.) Die vom Magistrat betriebene Industrieansiedlung brachte hier den Zuzug der Eisenbahnbedarfs- und Waggonfabrik von Orenstein & Koppel 1898/99, der Soda- und Wasserglasfabrik von Baerle & Sponnagel 1900, der Gummifabrik von Fränkel & Runge an der heutigen Päwesiner Straße 1900, und Kaisers Kaffeegeschäft mit Kaffeerösterei und Lebensmittellager 1906/07.

Charakteristisch für Klosterfelde war im 19. Jahrhundert die Existenz von sechs Holländer- und Bockwindmühlen, die sich etwa in ost-westlicher Richtung bis an die Staakener Grenze hinzogen. Sie verschwanden, als die 1906 einsetzende Bebauung mit mehrstöckigen Wohnhäusern ihnen den Wind nahm. Noch heute weist Klosterfelde viele kleine Häuser aus der »Rayonzeit« auf, die sich mit den Bauten der Jahrhundertwende und den Wohnsiedlungen der Nachkriegszeit zu einem Stadtbild mit unnachahmlichen, individuellen Zügen mischen.

✶

Etwa dort, wo sich die Klosterstraße in die Wilhelmstraße und die Seeburger Straße aufgabelt, beginnt die Wilhelmstadt. Sie war weit genug von den Festungswerken entfernt, um nicht mehr den Rayonbestimmungen zu unterliegen. Nur bis etwa zum Metzer Platz und auf der Havelseite

Die Brüderstraße, vom Wörther Platz aus gesehen, etwa 1913

galten noch die Baubeschränkungen. Die hier bis Ende der achtziger Jahre stark angewachsene Bevölkerung gehörte seelsorgerisch – ebenso wie Klosterfelde – zur Nikolaigemeinde in Spandau. Um den Anwohnern, die zum großen Teil aus Beschäftigten der militärfiskalischen Fabriken bestanden, den weiten Weg in die Stadt zu ersparen, wurde 1893 die evangelische Melanchthonkirche erbaut. Der Entwurf für das kleine Gotteshaus stammt vom Baurat Lancizolle. Die Kirche hatte zunächst keinen eigenen Pfarrer, sondern war eine Filia von St. Nikolai, bis sie am 1. April 1916 zur Pfarrkirche mit eigener Parochie erhoben wurde. Deren Nordgrenze bildete der Bullengraben, so daß Klosterfelde nicht mit dazugehört. Die Bebauung der Wilhelmstadt entwickelte sich zuerst entlang der Hauptstraßen bzw. Verbindungsstraßen zu den benachbarten Dörfern. Die Seeburger Straße machte besonders in ihrem Südteil bis vor kurzem noch einen ganz ländlichen Eindruck. Die Wilhelmstraße blieb auf ihrer Westseite kilometerweit dem Militär vorbehalten; am weitesten war die Bebauung um 1914 an der Pichelsdorfer Straße vorangeschritten. Hier waren zum Beispiel schon 1877 entlang der Beyer- und Weverstraße Arbeiterwohnhäuser für die Beschäftigten der Geschützgießerei und Artillerie-Werkstatt gebaut worden. 1967 wurden sie, obwohl nach modernen Gesichtspunkten zugeschnitten, zugunsten von Neubauten abgebrochen. Gegenüber, zwischen Wever- und Jordanstraße, entstand 1894/95 das zweite Depot für die Straßenbahn (das erste lag in der Schönwalder Straße 43–44 und war bis 1896 in Betrieb). Zuerst noch Pferdebahn-Depot, wurde es später mehrfach erweitert; nach dem Übergang an die Berliner Straßenbahn war es als »Betriebsbahnhof 28« bis 1962 in Benutzung.

Das ehemalige Festungsgefängnis in der Wilhelmstraße, um 1910. Seit 1947 ist es Kriegsverbrechergefängnis

Die 1937 an der Ecke Pichelsdorfer- und Heerstraße aufgestellte Keramiksäule. Sie sollte der Fremdenverkehrs-Werbung für Spandau dienen. Die Entwürfe zu den Reliefplatten stammten von dem Bildhauer Kappen aus Finkenkrug, gebrannt wurden sie in der »Ofenfabrik Keramische Werkstätte A. Schmidt-Lehmann und Co« in Velten. Die im Kriege durch Beschuß beschädigte Säule wurde 1958 abgebrochen und die erhaltenen Platten im Heimatmuseum eingelagert, wo sie einer Wiederverwendung harren

Nach dem Abbruch wurde auch hier eine größere Wohnsiedlung erbaut. Dem Straßenbahnhof benachbart war der »Pferdehimmel« – der Spandauer Pferdemarkt – der bis 1929 bestand. Nach dem Ersten Weltkrieg wurden hier, bis an den Grimnitzsee und den Südpark heran, ausgedehnte Wohnsiedlungen errichtet, die dem Stadtteil ein völlig anderes Gesicht geben im Vergleich zu den älteren Straßen nördlich der Adamstraße.
Hier, wo viele Straßen die Namen bedeutender Schlachten des Krieges von 1870/71 tragen, mutet der Name der Brüderstraße unmotiviert an. Sie heißt nach den Brüdern Reinecke, über deren Grundbesitz die Straße läuft, seit dem

Jahre 1894. Vor dem Ersten Weltkrieg lag an ihrem Westende noch die weite Fläche des Exerzierplatzes zwischen Seeburger Straße und Schmidt-Knobelsdorff-Straße, der seit etwa 1870 bestand. Er war ein beliebter Tummelplatz der Spandauer Jugend. 1914–1916 wurde an der Schmidt-Knobelsdorff-Straße die Kaserne für die Artillerie erbaut, in der seit 1935 das I. Bataillon des neuerrichteten Infanterie-Regimentes 67 lag. Von hier zog das Ersatz-Bataillon der Regiments am 22. April 1945 zum letzten Kampf in die Stellungen westlich vom Fort Hahneberg.
Auf dem verbliebenen freien Teil des Exerzierplatzes legte die Stadt von 1926 bis 1927 in Notstandsarbeit einen großen Sportplatz an. Er umfaßte sieben Spielfelder, drei Tennisplätze, eine Sprungbahn, eine große Spielwiese, zwei Kinderspielplätze mit Sandkästen sowie ein 3600 qm großes Planschbecken mit einer 60000 qm großen Strandfläche. Diese schönen, vielbenutzten Anlagen mußten im September 1935 geräumt werden, weil hier die Seeckt-Kaserne gebaut werden sollte. Der ganze im Krieg nur wenig beschädigte Kasernenkomplex dient heute der britischen Schutzmacht. Die Engländer benutzen auch die älteste Kaserne in der Wilhelmstadt, die 1885/86 erbaute Train-Kaserne, die bis 1914 dem Brandenburgischen Train-Bataillon Nr. 3 diente und in der – nach zivilem Zwischenspiel – von 1935 bis 1939 die I. Abteilung des Artillerie-Regimentes 59 lag. Ihr benachbart steht das Haus, das Spandau interna-

Luftaufnahme des Südparkes und seiner Umgebung von Süden her, um 1930. Er wurde mit Benutzung der »Börnikker Lake« in den Jahren 1920 bis 1923 angelegt; am nördlichen Teil des Teiches entstand die Badeanstalt. Im Vordergrund des Bildes sieht man die noch unbefestigte Bocksfeldstraße und darüber die Baumreihen der Heerstraße. Im oberen Bildteil sind die neuen Wohnsiedlungen an der Adam- und Betckestraße, Weverstraße und Jordanstraße zu erkennen; rechts oben an der Pichelsdorfer Straße sieht man auch den 1965 abgebrochenen Betriebshof der Straßenbahn

Die vom Bildhauer Otto Richter modellierte Pferdegruppe im Südpark

Die heute jenseits der Grenze liegende alte Dorfkirche von Staaken im Jahre 1930

tionalen »Ruf« verschafft hat: das 1878 bis 1879 erbaute Festungsgefängnis. Es war nach der Aufhebung als Militär-Strafanstalt zivile Haftanstalt und wurde aufgrund seiner isolierten Lage und relativ geringen Größe im Jahre 1946 als Gefängnis für die in Nürnberg als Hauptkriegsverbrecher zu Haftstrafen verurteilten Spitzen des Nazi-Regimes hergerichtet. Im Juli 1947 wurde das Gefängnis bezogen. Es ist durch den hier eine lebenslängliche Haft verbüßenden Rudolf Heß eine der letzten durch die vier ehemaligen Siegermächte kontrollierten Einrichtungen der Nachkriegsjahre.

Der Südpark am Rande der Heerstraße ist noch nicht so alt, wie seine stimmungsvollen Grünanlagen vermuten lassen. Er wurde 1920–1923 auf dem sumpfigen Wiesengelände der »Börnicker Lake« angelegt. Die 1933 im Park aufgestellte Pferdegruppe wurde nach Kaltblütern der Schultheiss-Brauerei modelliert. Sie war ursprünglich für den Treptower Park bestimmt, konnte aber erst 1933 gegossen werden und kam dann nach Spandau. 1942 wurde sie für die »Kriegs-Metallreserve« wieder eingeschmolzen.

Auf der Heerstraße sich westwärts wendend, gelangt man in das Dorf Staaken, das seit 1920 zu Berlin gehört, mit seinem Westteil aber infolge eines Gebietstausches mit Groß-Glienicke und Seeburg nach 1945, seitdem der sowjetzonalen Verwaltung, jetzt der DDR untersteht. Staaken wird 1273 ertmals urkundlich erwähnt und gehörte seit 1295 durch Kauf der Stadt Spandau. Die unweit der jetzigen Grenze stehende alte Dorfkirche in der Hauptstraße wurde 1436–1440 erbaut, ist also eine der jüngeren Dorfkirchen des Mittelalters. Der ursprünglich unverputzte Bau ist aus unbearbeiteten Feldsteinen gemauert, der Westturm wurde 1712 aus Ziegeln errichtet, ebenso der Anbau an der Südseite. Damals wurden auch die großen Stichbogenfenster ausgebrochen und der ganze Bau verputzt. Da das Dorf an der neuen, 1828 als Chaussee ausgebauten Straße nach Hamburg lag, wurde es aus der Weltabgeschiedenheit mancher märkischen Dörfer gezogen, kam anderseits aber bald in den Einflußbereich der Großstadt. Der Bau der Heerstraße 1903–1911 zog den Fernverkehr von der Ortsdurchfahrt ab, was heute dem Transitverkehr zugute kommt. Staaken wurde vor dem Ersten Weltkrieg »berühmt« durch die im Mai 1914 begonnene »Gartenstadt«, die als Genossenschaftssiedlung mit Förderung des Reiches für die Arbeiter der Heereswerkstätten in Spandau entstand. Trotz des Krieges wurde gebaut, und im Dezember 1914 waren die ersten 152 Wohnungen bezugsfertig. 1915 und 1917 wurden auch zwei Schulen fertiggestellt; bis zum Erlöschen der Bautätigkeit Ende 1917 umfaßte die Gartenstadt 804 Wohnungen. Von 1924 bis 1929 entstanden weitere 160 Wohnun-

Blick auf die Kasematten des Forts Hahneberg von Südosten her, Ende der zwanziger Jahre. Das Fort, Ende April 1945 noch einmal Stützpunkt der hier kämpfenden deutschen Einheiten, wurde 1949 abgebrochen

◁ *Aufnahme der Staakener Zeppelin-Werke von Osten her aus einem Luftschiff, im Jahre 1918. Die linke der beiden großen Hallen mußte nach 1919 abgebrochen werden. Links oben im Bild sieht man die Heerstraße, in die der Nennhauser Damm (damals Königstraße) mündet. Hier liegt die Siedlung »Neu-Jerusalem«. Rechts unten sieht man ein Stück der Gleise der Lehrter Bahn. Die Straße am unteren Bildrand ist die Feldstraße*

◁ *Häuser der Siedlung Staaken West, genannt »Neu-Jerusalem«, an Heerstraße und Nennhauser Damm während der Bauzeit. Sie wurde 1923/24 nach Entwürfen von Erwin Gutkind erbaut für die Beschäftigten des Luftschiffhafens Staaken*

gen, womit der Ausbau abgeschlossen war. Der Architekt der Bauten bis 1926 war Prof. Paul Schmitthenner, der vor 1914 zu den fortschrittlichsten Baukünstlern Deutschlands zählte. (Leider hat er in den zwanziger und dreißiger Jahren durch seinen Kampf gegen die moderne Architektur – er war ein erbitterter Gegner des Flachdaches – den Nationalsozialisten erfolgreich Schützenhilfe geleistet.) Er hatte auch eine Kirche für die Gartenstadt entworfen, die aber nicht ausgeführt wurde. Erst 1922 konnte nach dem Entwurf des kirchlichen Baurates Steinberg die jetzt noch stehende kleine Kirche erbaut werden. Ihr Steinmaterial stammt übrigens aus dem Abbruch eines Schuppens der Spandauer Pulverfabrik.

Nicht nur berühmt, sondern bedeutend war Staaken durch seinen Flugplatz, nach Johannisthal der zweite im Raum von Berlin und mit 263 Hektar Fäche 99 Hektar größer als der Tempelhofer Flugplatz von 1923. Im Juli 1915 hatte die »Zeppelin-Hallenbau GmbH Berlin« das Gelände zwischen Hamburger Chaussee und Lehrter Bahn für die Errichtung einer Zeppelin-Werft gekauft. Das erste hier gebaute Luftschiff war das »LZ 75« im November 1916, das letzte von insgesamt zwölf das »LZ 109« im März 1918. Auch mehrmotorige »Riesen«-Flugzeuge vom Typ »Staaken R-VI« wurden hier gebaut. Aufgrund der Bestimmungen des Versailler Vertrages mußte eine Bauhalle abgebrochen werden, was bis 1922 dauerte. Das Abbruchmaterial kam den Siedlern in der Umgebung als billiges Baumaterial zugute. 1922 zog in die verbliebene Luftschiffhalle die Filmindustrie mit den »Filmwerken Staaken« ein, die bis 1933 hier blieb. Ein großer Teil der Filme jenes Jahrzehnts ist hier gedreht worden. In nahe der Eisenbahn neugebauten Hallen befand sich seit 1924 die »Deutsche Verkehrsfliegerschule« und die Lufthansa-Werft. Ein reger Schul- und Versuchsflugbetrieb fand hier statt. Am 1. Juni 1929 kaufte die Stadt Berlin für 6,5 Millionen Mark das Flugplatzgelände mit allen Baulichkeiten und nannte es »Luftschiffhafen Staaken«. Da man damals an einen regelmäßigen Luftschiffverkehr nach Übersee dachte, sollte Staaken der Berliner Landeplatz sein. Das Luftschiff LZ 127 »Graf Zeppelin« ist bei seinen Reisen auch mehrmals hier gelandet. So merkwürdig es klingt, die große Zeit Staakens war vorbei, als Ende 1936 der Flugplatz in militärische Verwaltung überging und alles, was mit Fliegerei zu tun hatte, langsam zur »Geheimsache« wurde. Am 26. April 1945 besetzten Einheiten der Sowjetarmee den Flugplatz, und schon bald darauf konnten ihre Flugzeuge von hier aus in die Kämpfe gegen die deutschen Verteidiger zwischen Seeburg und Fort Hahneberg eingreifen.

Auf West-Staakener Gebiet, auf dem Hahneberg, lag das gleichnamige Fort der Spandauer Festung. Es wurde als Anlage im Zuge der damaligen Neubefestigung Spandaus von 1882 bis 1886 erbaut. Man spricht von 22 864 000 Birkenwerderschen Backsteinen, die dazu nötig gewesen sein sollen. Von der Entfestigung der Stadt nach 1903 waren die Zitadelle und das Fort Hahneberg ausgenommen worden. Hier war dann bis 1914 die »Disziplinar-Abteilung« des Garde-Korps untergebracht (später sagte man »Strafkompanie« dazu). Nach dem Ersten Weltkrieg – vorübergehend von der »Schwarzen Reichswehr« belegt – stand es leer, weil

Die Gatower Dorfkirche im März 1930. Das Äußere des Gotteshauses wurde bei der Erneuerung von 1935 verändert, z. B. das Feldsteinmauerwerk des Langhauses wieder freigelegt; die Verbretterung des Dachturmes wurde 1953 in ihren jetzigen Zustand versetzt, wobei man auch das Kircheninnere völlig neugestaltete. Die Kreuze auf den Pfeilern zum Kirchhofseingang fehlen heute ebenso wie das Gefallenenehrenmal rechts davon, wo jetzt die Polizeiwache steht

Die Südseite der Villa Otto Lemm in Gatow. Sie wurde 1907/08 nach Entwurf des Architekten Max Werner im Stil englischer Landhäuser erbaut und ist jetzt Sitz des britischen Stadtkommandanten von Berlin

die ungemütlichen Kasematten sich nicht zum Ausbau als Wohnungen eigneten. Seit 1935 wieder militärisch genutzt, war es im April 1945 Stützpunkt und Hauptverbandsplatz für die hier kämpfenden Einheiten der Verteidiger Berlins. Nachdem am 26. April die südlich der Heerstraße liegenden Stellungen von den von Süden über Seeburg angreifenden Russen niedergekämpft waren – dabei ging der Turm der Seeburger Kirche in Flammen auf – wurde am Nachmittag des gleichen Tages das Fort Hahneberg geräumt und die hier befindlichen etwa 30 Schwerverwundeten am Morgen des 27. April in das ehemalige Hilfslazarett in der 10. Volksschule Seeburger Straße 59 gebracht (jetzt »Schule am

Die 1934–1936 erbauten Gebäude der »Lufttechnischen Akademie« im Jahre 1954. 1950 begann man in den erhaltenen Gebäuden ein Tbc-Krankenhaus einzurichten, das später den Namen »Städtische Klinik für Lungenkranke, Havelhöhe«, bekam

Birkenhain«). Bei dem Durchbruchsversuch nach Westen, den deutsche Soldaten am 2. Mai hier versuchten, wurde die Seeburger Straße und ihre Umgebung zum Schlachtfeld, mehrere hundert Verwundete kamen in das Hilfslazarett, die vielen Gefallenen wurden im Birkenwäldchen nebenan begraben. Eine letzte Tragödie im hier schon beendet gewesenen Krieg.

Fort Hahneberg wurde 1949 abgebrochen. Auf dem Berliner Teil des Bergrückens entsteht jetzt auf Schuttmassen eine Grünanlage. – Das von Spandau flächenmäßig durch den »Seeburger Zipfel« getrennte Gatow ist durch den schon erwähnten Gebietstausch von 1945 mit diesem verbunden. Das Dorf wird 1272 zuerst erwähnt, als es bereits dem Spandauer Nonnenkloster gehörte. Nach dessen Säkularisierung war es kurfürstliches Amtsdorf, lag aber immer abseits an der Straße nach Potsdam. Nach der Jahrhundertwende begann die Entwicklung zum Villenvorort. Eines der aufwendigsten Besitztümer war die 1907/08 erbaute Villa des Schuhputzfabrikanten Otto Lemm am Rothenbücherweg (Ich hab's! – Urbin, der gute Schuhputz!). 1955 erwarb der populäre Komiker Erich Carow das ehemalige Bauernhofgrundstück Alt-Gatow 57/59 und richtete hier das »Haus Carow am See« ein, das aber die Beliebtheit seiner Lachbühne am Weinbergsweg nicht mehr erreichen konnte, weil es hier zu exklusiv herging und seine stadtferne Lage das Großstadtpublikum nicht herbeizulocken vermochte.

Die Anfang des 14. Jahrhunderts erbaute Dorfkirche tritt wegen ihrer seitlichen Lage auf dem Kirchhof als Dorfmittelpunkt nicht in Erscheinung. Hinter dem Kirchhof, von der Buchwaldzeile begrenzt, liegt die Anhöhe des Windmühlenberges. Die dortige Mühle wurde bei den Dreharbeiten für den Film »Die Mordmühle« im Jahre 1922 gesprengt. Der Hügel diente seit etwa 1928 als Segelflugberg. Schwerlich wird dieser Übungshang der Grund gewesen sein, daß die Göringsche Luftwaffe in dieser Gegend ihre wichtigsten Ausbildungsstätten errichtete. Zuerst wurde von 1934 bis 1936 an der Havelseite, Kladower Damm 193–195, die »Lufttechnische Akademie« errichtet, dann 1935/36 schräg gegenüber, Kladower Damm 182–188, die »Kriegsschule der Luftwaffe«, zu der auch ein »Fliegerhorst« gehörte, der Vorläufer des jetzigen britischen Militärflugplatzes. Beide Anlagen, mit dem für die Luftwaffe typischen Aufwand erbaut, sind von den Architekten Bilder, Braun und Gunzenhauser entworfen worden. In den im Krieg nur wenig beschädigten Gebäuden der Lufttechnischen Akademie konnte seit 1950 in schrittweisem Ausbau durch das Bezirksamt Spandau die Lungenklinik »Havelhöhe« eingerichtet werden. In einem im Krieg begonnenen O.T.-Lazarett ist seit 1947 das benachbarte Krankenhaus »Hohengatow« untergebracht. In diesem Zusammenhang soll noch die ehemalige Luftnachrichten-Kaserne in Kladow-Hottengrund erwähnt werden, die 1935–1939 erbaut wurde und jetzt zum Teil der britischen Schutzmacht als Kaserne dient und zum kleineren Teil als städtisches Altersheim genutzt wird. – Dem interessierten Beobachter wird auffallen, daß seit der Wiederaufrüstung im Jahre 1935 eine Reihe von militärischen Anlagen des Heeres und der Luftwaffe gebaut wurden, die sich von der Spandauer Wilhelmstadt in nordsüdlicher Richtung hinunter über Gatow, Kladow, Sakrow, Krampnitz, Nedlitz, Potsdam und Potsdam Wildpark bis fast nach Werder zogen und damit dem westlich davon liegenden Truppenübungplatz Döberitz dicht benachbart waren.

Der Dorfplatz von Kladow (jetzt Alt-Kladow), Mitte der zwanziger Jahre. Links einer der Aboag-Omnibusse der Linie Spandau Hauptpost–Kladow, der Vorgängerin der späteren Omnibuslinien 3 bzw. 34

Das 1972 abgebrochene Landhaus »Brüningslinden«, das 1911/12 der Major Rüdiger von Brüning erbauen ließ. 1935 wurde es als »Schloß Brüningslinden« zu einem Ausflugslokal umgestaltet, jetzt befindet sich hier eine Wohnsiedlung

Blick vom Pichelswerder hinüber nach Pichelsdorf mit den Brauerei- und Ausschankgebäuden der »Radeberger Exportbierbrauerei«, um 1900

Gute vier Kilometer südlich Gatows liegt das ehemalige Dorf Kladow. Seine erste Erwähnung im Jahre 1267 ist umstritten, es gehörte aber wie Gatow damals schon dem Nonnenkloster in Spandau. Die auch hier seitlich des Dorfplatzes stehende, 1818 erbaute Dorfkirche hat im Kern noch die Mauern der 1808 abgebrannten mittelalterlichen Saalkirche. Auch Kladow fing um die Jahrhundertwende an, sich zum Villenvorort zu entwickeln, und zwar wurde die Erschließung von Potsdam und Wannsee her betrieben, von wo eine regelmäßige Fahrgastschiffahrt nach Kladow stattfand. (Die am Wannsee liegende Insel Schwanenwerder, bis 1901 »Kladower Sandwerder«, gehörte bis 1926 noch zu Kladow.) Das ehemalige Lehnschulzengut besaß seit 1887 der Berliner Mörtelfabrikant Robert Guthmann. (Im alten Gutshaus hat die Mutter Bismarcks, Wilhelmine Luise Mencken, von 1800 bis 1806 ihre Kindheit verlebt.) Guthmanns Sohn Johannes ließ 1909 das alte Gutshaus weitgehend umgestalten. An die Wände der 1911 erbauten Gartenhalle malte der mit ihm befreundete Max Slevogt im Sommer innerhalb von zwei Wochen seine berühmten Wandbilder der Variationen über Mozartsche Themen. Später der Nationalgalerie geschenkt, wurden sie 1923 in der Neuen Abteilung im ehemaligen Kronprinzenpalais eingebaut, wo sie im Kriege verbrannten. Von den architektonisch bedeutenden Landhäusern sei nur noch auf das 1972 abgebrochene »Brüningslinden« hingewiesen, das an der Einmündung des Sakrower Kirchweges in die Sakrower Landstraße lag, die jetzt nach 250 m auf die vermauerte Grenze zur DDR stößt.

Mit dem Autobus oder bei schönem Wetter mit dem Dampfer gelangte man von Kladow zurück nach Pichelsdorf und Spandau. Die Anlegestelle der »Stern«-Dampfer war auf dem Pichelswerder beim Restaurant »Rackwitz« und an der Heerstraße. Pichelsdorf, auf einer Halbinsel zwischen Havel und »Scharfer Lanke«, wird 1375 im Landbuch Kaiser Karls IV. als dem Spandauer Schloß dienstpflichtig erwähnt. Kirchlich gehörte es zu Spandau und hatte daher nie ein eigenes Gotteshaus. Für die Geschichte des Schiffbaues ist Pichelsdorf ein wichtiger Ort, denn hier wurde auf der »Dampfbootbaustelle« des Engländers J. B. Humphreys im Jahre 1816 das erste deutsche Dampfschiff »Prinzessin Charlotte von Preußen« gebaut. Im März 1817 folgte das Dampfschiff »Der Kurier« und im November 1817 das

Die Dorfstraße in Pichelsdorf (jetzt Alt-Pichelsdorf) um 1913

Eine Szene aus dem 3. Akt des Festspiels »Albrecht der Bär«, das im Sommer 1911 in der Freilichtbühne auf dem Pichelswerder aufgeführt wurde

Das Klubhaus »Siemens-Werder« des Ruder-Vereins Siemens auf dem Pichelswerder, um 1925. Ursprünglich war es als Ausflugslokal »Königgrätzer Garten« bekannt

Dampfschiff »Stadt Magdeburg«. Danach verlegte Humphreys seine Werft nach Potsdam. Die Industrie zog erst wieder 1875 in das Fischerdorf ein, als ein Gründungsgewinnler und Bodenspekulant, der Braumeister Julius Busse aus Berlin, das Lehnschulzengut kaufte und auf dessen Gelände eine Brauerei erbaute, die als »Brauerei Pichelsdorf« 1877 den Betrieb aufnahm. Am Südende der Halbinsel befand sich Busses Villa mit ausgedehntem Park. Das Ausschanklokal der Brauerei wurde viel besucht; besonders als der Arbeitersängerbund seine Sangesfeste hier abbhielt, strömten Zehntausende hier heraus. Busses Brauerei ging 1889 an die »Radeberger Exportbierbrauerei« und nach 1900 an die »Deutsche Bierbrauerei« über. Nach deren Stillegung im Jahre 1921 wurde später hier noch die »Cobu«-Margarine produziert, bis die Brauereigebäude 1932/33 abgebrochen wurden. Abriß war 1971 auch das Schicksal der Porzellanfabrik Haldenwanger, die 1882 von Charlottenburg hierher verlegt worden war. Pichelsdorf ist heute ein Wassersportzentrum. Seine alte Dorfstraße ist zwar noch erhalten, aber die Silhouette zur Heersraße hin wird von gewaltigen Wohnhochhäusern bestimmt. Die Dorfstraße (Alt-Pichelsdorf) geht in die Bocksfeldstraße über, an der sich bis zur »Scharfen Lanke« die Siedlung »Bocksfelde« erstreckt. Trotz der Ziegenbockplastik, die hier steht, hat der Name nichts mit diesem Tier zu tun, sondern leitet sich ab von dem Spandauer Maurermeister und Stadtverordnetenvorsteher Johann Abraham Bocksfeld, der an der Scharfen Lanke eine Kalkbrennerei und Ziegelei betrieb und 1852 verstarb. Die 1926/27 erbaute ehemalige »Polizei-Siedlung« (jetzt Postheimstätten-Siedlung) gehört zu den ältesten Wohnanlagen in dieser Gegend.

Der Pichelswerder zwischen Pichelssee und Stößensee war früher wegen seiner Ausflugslokale und ist heute wegen seines Badestrandes ein beliebtes Wochenendziel der Berliner. An der Havelseite waren die Wirtshäuser von Freund und Rackwitz die beliebtesten, hier wohnte man früher auch zur Sommerfrische. Für den Zustrom der Gäste baute

Blick von der Frey-Brücke über die Havel nach Norden, um 1930. Ganz links, vor dem Bootshaus, sieht man die Einfahrt zum Grimnitz-See, im Hintergrund die Schornsteine der ehemaligen Heereswerkstätten, rechts vorn die Tiefwerderwiesen und dahinter das Dorf Tiefwerder

Rackwitz 1882 sogar eine Pontonbrücke vom Rupenhorn über den Stößensee, die natürlich auch den anderen Lokalen Nutzen brachte. An der Südspitze der Insel entstand nach 1866 der Königgrätzer Garten. Ihn erwarb im Jahre 1921 die Firma Siemens und stellte ihn dem Ruderverein Siemens zur Verfügung. Nach Beschlagnahme durch die Besatzungsmacht und vorübergehender Nutzung als Lokal wurde hier 1954 von Siemens neben dem Ruderverein noch ein Erholungsheim eingerichtet.

Auch als Freilichtbühne wurde ein Teil des Pichelswerders genutzt. Der Verein »Brandenburgia, Gesellschaft für Heimatkunde der Provinz Brandenburg« ließ hier in den Monaten Juni bis August 1911 das Festspiel »Albrecht der Bär« aufführen, das der Schriftsteller und Dramaturg Eberhard König verfaßt hatte. Die Veranstaltung war ein Mißerfolg, erstens wegen des schlechten Wetters und zweitens, weil der Inhalt des Stückes trotz der Benutzung historisch verbürgter Namen zu sehr von den überlieferten Tatsachen abwich. Im folgenden Jahr versuchte ein Spandauer Festspielausschuß mit einem Hohenzollern-Festspiel die Bühne neu zu beleben, was aber ebenfalls mit einem Mißerfolg endete. (Spandau bekam im Jahre 1921 eine Freilichtbühne auf dem Glacis der Zitadelle, die der Schauspieler und Regisseur Otto de Nolte gegründet hatte und die 1926 vom Bezirksamt übernommen wurde.) Auf Wanderwegen gelang man über die Tiefwerderwiesen hinüber in das Fischerdorf Tiefwerder. Es wurde hier auf einem schmalen Landrücken inmitten der Überreste des Spreedeltas nach den Befreiungskriegen angelegt. In den Jahren 1816–1823 bezogen 29 Fischerfamilien hier ihre neugebauten Häuser. Bis 1813 hatten sie ihre Wohnsitze auf dem »Burgwall«, wo sie bei der Belagerung Spandaus durch die Franzosen niedergebrannt wurden und später aus militärischen Gründen nicht

Blick havelabwärts nach Süden. Luftaufnahme um 1930. Am unteren Bildrand wäre die Eisenbahnbrücke, links die Häuser an der »Plantage« auf dem Stresow, darüber das von Kleingärten besetzte Gelände der 1920 abgetragenen »Burgwallschanze«, deren Kernwerk (Reduit) gut zu erkennen ist. Es steht heute noch südlich der Ruhlebener Straße. Weiter sieht man hier den in die Havel mündenden Rest des »Schlangengrabens«, den »Oberhafen« und darüber die Schulenburgbrücke. Gegenüber, am rechten Havelufer, ist deutlich die nur wenig bebaute »Burgwall-Insel« zu erkennen. Im Hintergrund dehnen sich die Häuser der Wilhelmstadt bis nach Pichelsdorf und die Scharfe Lanke aus, auch die Halbinsel Schildhorn ist noch gut zu sehen

Die Dorfstraße in Tiefwerder, um 1935, von Süden her gesehen, mit Blick auf den Ortsausgang. Rechts die Häuser Dorfstraße 45 und 46

Die Wohnstube im Haus der Witwe Rese. Es war das letzte rohrgedeckte Haus im Dorf und wurde 1908 abgebrochen

wieder aufgebaut werden durften. Diese Fischergemeinde geht wiederum auf die »Kietzer« Fischer zurück, die südlich der Zitadelle oberhalb der Spreemündung wohnten und dem Schloß dienstpflichtig waren. Beim Ausbau des Schlosses zur Festung mußten sie im Jahre 1560 weichen und siedelten sich zum Teil auf dem »Damm« am Behnitz und zum größeren Teil am Burgwall an, wo sie, wie gesagt, bis 1813 blieben. Die Fischergemeinde »Damm« wurde, wie schon früher erwähnt, 1875 in Spandau eingemeindet, während Tiefwerder seine kommunale Selbständigkeit bis 1920 behielt. Einige Fischer üben noch heute hier ihr Handwerk aus, aber im wesentlichen ist Tiefwerder jetzt der Mittelpunkt des Wassersportes. Schon im Jahre 1928 hatte das Bezirksamt Pläne ausgearbeitet, die Tiefwerderwiesen zwischen Havel und Stößensee zu einer großen Wassersportkolonie auszubauen. Vielerlei Einwendungen und die Wirtschaftskrise ließen es nicht mehr dazu kommen. – Tiefwerder liegt an einer Havelkrümmung, die infolge der Flußbegradigung in den Jahren 1906–1910 durchstochen und der Stadt Spandau zum Ausbau als Hafen überlassen wurde. Dieser Südhafen war 1911 vollendet. Er hatte einen Eisenbahnanschluß an den Güterbahnhof Ruhleben, der am Treffpunkt der Ruhlebener Straße mit der Charlottenburger Chaussee, am Zusammentreffen der Gemarkungen von Spandau und Ruhleben, als Tunnel gebaut werden mußte. 1927 wurde der Südhafen modernisiert und bereits für die Aufnahme von 1000-t-Schiffen vertieft. Der Ausbau des Hafens zum Tanklager, das heute die Struktur bestimmt, begann ebenfalls schon in den späten zwanziger Jahren.

Die Unterhavel und der ehemalige Oberhafen im Jahre 1913 von der Schulenburgbrücke aus gesehen. Ganz links die Nikolaikirche mit der Spitze des Garnisonkirchturmes dahinter, in der Mitte etwa das langgezogene Dach der Stresowkaserne in der Grunewaldstraße und weiter rechts die Schornsteine der Artilleriewerkstätten. Die Wohnhäuser rechts stehen an der Ruhlebener Straße und am Tiefwerderweg

Die »Teltower Schanze« am Dreieck Teltower Straße/Havelchaussee/Elsgrabenweg, im Winter 1922, vor dem Abbruch des Kernwerks, das man links im Bild sieht. Der Wall mit den Kasematten ist noch erhalten

Die Südseite des Hauptgebäudes der Infanterie-Schießschule in Ruhleben, kurz vor dem Abbruch im Jahre 1969. Die Kasernen wurden 1875–1880 erbaut und später mehrfach erweitert. Sie verschwanden fast alle für die Neubauten der Ausbildungsabteilung der Bereitschaftspolizei

Nach Aufhebung der Rayonbestimmungen begann sich auch auf dem Stresow die Wohnbebauung entlang der Ruhlebener Straße bis zur Stadtgrenze an der »Wackelburg«, einem bekannten Kutscherlokal, vorzuschieben. Gegenüber lag bis 1937 das bekannte Lokal »Neue Welt«, an dem vorüber die Teltower Straße zur Havelchaussee führte. Am Treffpunkt beider Straßen lag die »Teltower Schanze«, schon nicht mehr auf Spandauer Gebiet. Die militärischen Anlagen Ruhlebens gehörten zum Spandauer Garnisonsbereich, verwaltungsmäßig aber war Ruhleben ein eigener Gutsbezirk, der 1914 in den neugebildeten Gutsbezirk Heerstraße mit einbezogen wurde. Die »Teltower Schanze« und die etwa einen Kilometer Luftlinie entfernte »Ruhlebener Schanze« wurden 1866 von österreichischen Kriegsgefangenen erbaut. Sie hatten die Aufgabe, als detachierte Forts den wenig befestigten Stresow nach Osten und die Verkehrsadern – Landstraße und Eisenbahn – zu schützen. Ein Teil der »Ruhlebener Schanze« wurde, da nach der Entfestigung bedeutungslos, in das Gelände der Trabrennbahn einbezogen und die dazu geeigneten Räume als Restaurant benutzt. Die Rennbahn wurde am 14. Mai 1909 eröffnet und bestand nach Einstellung des Sportbetriebes während des Krieges, ohne jedoch den Betrieb wieder aufnehmen zu können, bis zum Abbruch 1957. 1956 erwarb das Land Berlin das Erbbaurecht der Trabrennbahn und erbaute auf dem Grundstück das Klärwerk Ruhleben mit den charakteristischen Faultürmen. Die Schanze wurde 1975 für die Erweiterung des Klärwerkes abgebrochen, obwohl ihre Umgebung als Naturschutzgebiet eingetragen war.

Heute ist fast vergessen, daß sich in Ruhleben ein königliches Jagdschloß befand, das König Friedrich I. in den Jahren 1707 bis 1710 erbauen ließ. Es lag in der Mitte der nördlichen Geraden der ehemaligen Rennbahn. Im Laufe des 18. Jahrhunderts – 1737 noch einmal erwähnt – verfiel es. Ein kleiner Tümpel in der Mitte der Rennbahn hatte bis 1939 die Stelle eines der beiden Schloßteiche bezeichnet. Das zum Schloß gehörende Amtsvorwerk lag an der Charlottenburger Chaussee, gegenüber der heutigen Klärwerkstraße, neben der Zufahrt zum Friedhof. Dem Vorwerk benachbart lagen die Kasernen der Infanterie-Schießschule, die man 1875 bis 1880 errichtete. Die Schießstände südlich hiervon waren schon 1855 gebaut worden. Seit 1860 wurden sie von der Militär-Schießschule und Gewehr-Prüfungskommission benutzt, die man 1890 in Infanterie-Schießschule umbenannte. Von 1913 bis 1918 war die Kriegstelegraphenschule hier stationiert, woran noch die Gittermasten auf zwei Gebäuden erinnerten. Im August 1950 bezog das »Hauptkinderheim« des Landes Berlin die neueren Gebäude, während in den älteren Trakten Wohnungen, eine Schule und Gewerbebetriebe untergebracht waren. 1969 wurden die meisten Gebäude für die Neubauten der Ausbildungsabteilung der Bereitschaftspolizei abgebrochen.

Nördlich der Charlottenburger Chaussee, durch den Bahndamm der Siemens-Güterbahn den Blicken teilweise entzogen, erstreckt sich kilometerlang der Güterbahnhof Ruhleben. Man muß ihn von der Straße »Freiheit« her besuchen,

Die Ostkurve der Trabrennbahn Ruhleben, Ende der zwanziger Jahre. Im Hintergrund sieht man die zu einem Restaurant umgebaute »Ruhlebener Schanze«, die ebenso wie die Teltower Schanze von österreichischen Kriegsgefangenen erbaut wurde. Sie wurde 1975 für die Erweiterung des Klärwerkes abgebrochen

Die heutige Charlottenburger Chaussee um das Jahr 1925. Im Hintergrund der Bahndamm der Berlin–Hamburger Eisenbahn, dahinter sieht man die Bäume auf dem Gelände der Trabrennbahn Ruhleben. Auf dem Gelände vor dem Eisenbahndamm zieht sich heute der hohe Damm der Siemens-Güterbahn entlang

Blick vom Spandauer Bock über das Tal der unteren Spree, hinüber zur Jungfernheide und zur Siemensstadt, im Jahre 1913

um zwei alte Steinbaracken zu entdecken – sie gehörten zum »Auswandererbahnhof Ruhleben«. Die aus den osteuropäischen Ländern kommenden Auswanderer nach den Vereinigten Staaten stiegen in Berlin vom Ost- oder Schlesischen Bahnhof auf die Hamburger Bahn um, was seit 1882 auf der Stadtbahn mühelos geschehen konnte. Der Aufenthalt von oftmals Hunderten von Menschen, die mit Sack und Pack auf den Bahnhöfen und in den Wartesälen lagerten, brachte Unzuträglichkeiten, die nach jahrelangen Lösungsversuchen dazu führten, daß auf dem Güterbahnhof Ruhleben, der weitab vom Publikumsverkehr lag, im Jahre 1891 ein Auswandererbahnhof in Betrieb genommen wurde. Die Reisenden mußten sich und ihre Habe hier desinfizieren lassen. Eine Zahl: 1913 passierten 114448 Auswanderer Ruhleben. Die Zahlen schwankten natürlich, waren aber immer so hoch, daß man 1915 erweiterte Anlagen in Wustermark in Betrieb nehmen wollte, doch der Erste Weltkrieg stoppte den Auswandererstrom. 1914 bis 1919 war er Internierungslager für englische Zivilgefangene, später Flüchtlingslager, bis in den zwanziger Jahren die Anlagen bis auf die zwei noch stehenden Baracken verschwanden.
Die 1929 eröffnete U-Bahn-Endhaltestelle Ruhleben und die ihr benachbarte Landhaussiedlung am Murellenweg liegen schon auf Charlottenburger Gebiet. Auch der »Spandauer Bock« liegt trotz seines Namens in Charlottenburg. Er erinnert aber daran, daß der Spandauer Bierbrauer Konrad Bechmann hier um 1840 einen Lagerkeller und einen Bockbierausschank anlegte, auf Gelände, das zum Grunewald gehört hatte und ihm vom König Friedrich Wilhelm IV. zur Verfügung gestellt worden war. Die 1854 erbaute Brauerei, die seit 1918 als »Spandauer Bergbrauerei« zu Schultheiss gehörte, lag links von der Straße am Abhang des Berges. Sie wurde im Zweiten Weltkrieg zerstört. Rechts von der Straße, wo jetzt die Wohnhochhäuser stehen, lag das alte Ausschanklokal, der »Bock«, während das Lokal auf der Spreeseite »Zibbe« hieß. Wenn man den Ruhwaldweg, den früheren »Alten Fürstenbrunner Weg«, heruntergeht, blickt man über die Eisenbahngleise und die Spree hinüber nach den Sternfelder Spreewiesen und den Bauten der Siemensstadt. Nach einem Kilometer Weg hat man den Bahnhof Siemensstadt-Fürstenbrunn erreicht und kann über die Rohrdammbrücke – der Rohrdamm hat seinen Namen nach dem unter ihm verlaufenden Hauptdruckrohr der Wasserleitung von Tegel nach Westend –, die 1953 anstelle der zwei kriegszerstörten Gitterbrücken, der Siemensstege, erbaut wurde, Siemensstadt, die »Elektropolis« Berlins, erreichen.

★

Wilhelm von Siemens (1855–1919), Werner von Siemens' zweiter Sohn, seit 1890 in der Leitung von Siemens & Halske, seit 1903 Vorsitzender des Aufsichtsrates der Siemens-Schuckert GmbH und seit 1918 auch der Siemens & Halske AG

Im Jahre 1847 gründete Werner Siemens zusammen mit Johann Georg Halske in der Schöneberger Straße 19 (heute Nr. 32) im jetzigen Bezirk Kreuzberg die Telegrafenbauanstalt Siemens & Halske als älteste der Welt. Schon 1851 waren die Mieträume zu klein, und es wurden im eigenen Hause Markgrafenstraße 94 neue Werkstätten bezogen, die durch Hinzunahme von Nachbargrundstücken immer wieder erweitert, bis zur Fertigstellung des Wernerwerkes am Nonnendamm beibehalten wurden. 1883 hatte man begonnen, neue Fertigungen in der Franklinstraße in Charlottenburg anzusiedeln.
Werner Siemens und seinen Nachkommen wurde im Mai 1888 von Kaiser Friedrich III. der erbliche Adel verliehen. Der Firmengründer starb am 6. Dezember 1892 und sein Bruder Carl sowie die Söhne Arnold und Wilhelm übernahmen die Leitung der Geschäfte. Um den finanziellen Anforderungen des expandierenden Unternehmens zu genügen, wurde die bisherige Kommanditgesellschaft am 18. Juni 1897 in eine Aktiengesellschaft mit einem Grundkapital von 35 Millionen Mark umgewandelt. Der Aktienbesitz blieb vorerst in den Händen der Familie, die auch mit Carl Siemens den ersten Aufsichtsratsvorsitzenden stellte.
Schon im Gründungsjahr der AG mußte man sich mangels Erweiterungsmöglichkeiten auf den Berliner und Charlottenburger Grundstücken nach neuen Standorten umsehen und erwarb deshalb ein 21 ha großes, aber völlig unerschlossenes Gelände an der Jungfernheide zwischen dem Nonnendamm und der Spree, das zu Spandau gehörte. Die Stadt Spandau förderte die neue Industrieansiedlung im Gegensatz zu dem ablehnenden Charlottenburg sehr, konnte aber auf Grund ihrer Finanzlage lange Jahre hindurch nur ideelle Hilfe leisten. Als erstes bauten Siemens & Halske hier ein neues Kabelwerk nach den Entwürfen des Architekten Fritz Gottlob, sozusagen mitten auf die »grüne Wiese«, westlich eines ehemaligen Spreearmes, der den sog. »Hühnerwerder« umfloß. Als »Kabelwerk Westend« wurde es am 1. August 1899 eröffnet. Die hier Beschäftigten mußten lange Anmarschwege auf sich nehmen, so zum Beispiel vom Ringbahnhof Jungfernheide zwei Kilometer den unbefestigten Nonnendamm entlang auf Charlottenburger Gebiet; unbefestigt deshalb, weil diese Stadt keine Gelder zum Ausbau einer Straße investieren wollte, die einer Spandauer Firma zugute gekommen wäre.
Im Jahre 1903 wurden von der Siemens & Halske AG und den Nürnberger Schuckertwerken die »Siemens-Schuckert GmbH« gegründet, in die Siemens seine Berliner Starkstromwerke einbrachte, darunter auch das neue Kabelwerk.

Carl Friedrich von Siemens (1872–1941), Werner von Siemens' jüngster Sohn, nach dem Tode seiner Brüder Arnold † 1918, und Wilhelm † 1919, »Chef des Hauses«

Für das inzwischen mächtig aufblühende Werk in der Markgrafenstraße bestanden keine Erweiterungsmöglichkeiten mehr, so daß man sich entschloß, ein weiteres Werk am Nonnendamm zu errichten. Man sah auch die Erweiterungsnotwendigkeiten anderer Fertigungszweige voraus und ging deshalb an eine größere Planung, deren baumäßiger, städtebaulicher und verkehrsmäßiger Teil in den Händen von Karl Janisch lag, der schon 1898/99 den Bau des Kabelwerkes geleitet hatte. Das neue Berliner Werk, das zum Gedenken an den Firmengründer den Namen »Wernerwerk« bekam, wurde nach Janischs Entwürfen, deren betriebstechnischen Teil der Werksdirektor Alfred Hettler geschaffen hatte, im ersten Bauabschnitt 1903–1905 errichtet. Erweiterungen in den Jahren 1908 und 1912 brachten das Werk auf seine heutige Ausdehnung. Bei der letzten Erweiterung wurde übrigens die Fassade, die im ersten Bauteil noch aus rotbraunen und weißen Verblendern bestand, vereinheitlicht und nur rotbraun verblendet. Das Werk umfaßte zuletzt zwölf Höfe, sein 1938 abgebrochener, 50 m hoher Wasserturm war bis 1917 das Wahrzeichen der Siemensstadt. 1905/06 erbaute Janisch auf dem »Hühnerwerder« das Kleinbauwerk, in dem die Massenfertigung des elektrotechnischen Kleinmaterials stattfand. Es beschäftigte schon damals besonders viele Frauen. Die Zahl aller Beschäftigten der Werke betrug 1905 etwa 8000, eine für jene Zeit gewaltige Zahl. Im Ausbau der Verkehrswege für diese vielen Menschen war von Charlottenburg kein Entgegenkommen zu erwarten, aber Siemens hatte erreicht, daß an der Hamburger Bahnstrecke südlich der Spree die Haltestelle Fürstenbrunn auf eigene Kosten erbaut und am 1. Juni 1905 eröffnet werden konnte. Wenige Tage vorher war – auch gegen den Willen Charlottenburgs – der Rohrdammsteg über die Spree dem Verkehr übergeben worden, so daß es wenigstens von Fürstenbrunn her eine bessere Verkehrsverbindung gab. Die von Anfang an bestehenden Pläne der Firma, auch Wohnhäuser in dem neuen Stadtteil, der seit dem 1. April 1905 amtlich »Nonnendamm« hieß, erbauen zu lassen, wurden 1904 realisiert, als die »Märkische Bodengesellschaft« den Geländestreifen zwischen dem jetzigen Wernerwerkdamm und der Nonnendammallee erwarb und die ersten Häuser auf dem Areal zwischen Ohm- und Reisstraße erbaute. Nach ihrer Fertigstellung wohnten hier 242 Personen. Die Nachfrage nach den Wohnungen war nicht sehr rege, nicht zuletzt wegen der zu hohen Mieten! Nur langsam füllte sich der Stadtteil und von einer Entlastung des Verkehrs durch erhöhten Zuzug von Siemensbeschäftigten konnte noch keine Rede sein.

Siemens-Arbeiter nach Betriebsschluß auf dem Wege zum Bahnhof Fürstenbrunn. Im Hintergrund die beiden 1905 und 1913 erbauten Rohrdammstege und rechts daneben das Verwaltungsgebäude des Elmowerkes. Eine Aufnahme etwa aus dem Jahre 1914

Die ältesten Fabrikbauten der Siemensstadt, von Fürstenbrunn her gesehen: links das 1899 erbaute Kabelwerk, seit 1912 Elektromotorenwerk, 1977 abgebrochen; dahinter die zwei Schornsteine des Siemenskraftwerkes, rechts daneben das 1903–1905 erbaute Wernerwerk F mit dem Wasserturm; rechts das 1905/06 errichtete Kleinbauwerk, das wie das Elmowerk im Kriege schwere Schäden erlitt, 1974 wurde es abgebrochen. Der Stichkanal in der Bildmitte ist der Rest des Spreebogens, der den »Hühnerwerder« umfloß

Baurat Karl Janisch (1870–1946), unter dessen Leitung die Fabrikbauten der Siemensstadt von 1898 bis 1915 entstanden

1906 wurde östlich vom Wernerwerk durch Janisch das Blockwerk für Eisenbahn-Signalanlagen errichtet; im gleichen Jahr entstand in der Motardstraße, die vor dem Ausbau der Nonnendammallee eine wichtige Straße war, das Automobilwerk und nicht weit davon die erste Halle des Dynamowerkes. Am 1. Oktober 1906 hatte die Zahl der hier Beschäftigten die 10000 bereits überschritten.
Der weitere Ausbau des Wohnviertels konnte solange nicht weitergehen, wie die Eingemeindungsfrage nicht geklärt war. Gegen die Einrede und den erbitterten Widerstand Charlottenburgs, das an seiner Westgrenze kein Industrieviertel mit Arbeiterbevölkerung haben wollte, sondern eine Wohngegend für den gehobenen Bedarf anstrebte, erreichte

Heimkehrende Arbeiter aus den Wernerwerken, um 1924. Die schräge Straße im Vordergrund ist die seit 1929 als öffentliche Straße aufgehobene Reisstraße, die zum Rohrdamm führte. Das Wernerwerk M, links, wird vom Siemensturm, dem Wahrzeichen der Werkstadt, überragt, der Wasserturm des Wernerwerks F, rechts, wurde 1938 abgebrochen

◁ *Das Wernerwerk F in der Mitte der zwanziger Jahre. Rechts unten die Flachbauten des Blockwerkes, oben die bis 1914 erbauten Wohnhäuser am Wernerwerkdamm*

◁ *Frauen und Männer bei Punktschweißungen in einem Arbeitssaal des Wernerwerks F, um 1910*

die Stadt Spandau im März 1908 die Umgemeindung des nördlich der Exklave Nonnendamm liegenden Teiles der Jungfernheide in einer Größe von 177 ha in den Stadtkreis Spandau und endlich mit Wirkung vom 1. April 1910 die Eingemeindung der Gutsbezirke Haselhorst, Sternfeld und Spandau-Land, so daß das Spandauer Gebiet sich einheitlich bis an die Charlottenburger Grenze erstreckte. Mit dem Beschluß der Spandauer Stadtverordnetenversammlung vom 4. September 1913, den neuen Stadtteil ab 1914 »Siemensstadt« zu nennen, war auch ein äußerlicher Schlußpunkt hinter den Eingemeindungskrieg gesetzt.

Die Erweiterung der Werksanlagen und des Wohngebietes ging übrigens ohne gesetzlich festgelegte Bebauungs- oder Fluchtlinienpläne vor sich. Die Festlegung des ersten Planes von 1904 hatte Charlottenburg durch Einspruch verhindert und in den späteren Jahren war man froh, sich nicht die Hände gebunden zu haben und den sich ständig ändernden Bedürfnissen um so leichter anpassen zu können, denn das rapide Wachstum ging weiter. 1907 hatte die Siemens-Bahnabteilung ihre Bahnhalle am Rohrdamm erbaut, von welcher ein Gleis entlang des Nonnendammes zu einer kreisrunden Versuchsstrecke führte, die am Osthang des Sternberges lag, aber bei der Erweiterung des Dynamowerkes wieder verschwand. Westlich neben der Versuchsbahn entstand 1908 die Eisengießerei. 1913 wurde am Rohrdamm die Feuerwache und Telefonzentrale der Siemenswerke errichtet. Die Werksfeuerwehr hatte auch die Funktion des öffentlichen Brandschutzes für die Siemensstadt, da die Spandauer Wehr im Einsatzfalle einen viel zu langen Anfahrtsweg gehabt hätte. Die Erweiterungen des Dynamowerks im Jahre 1912, das damals seine eindrucksvolle Front entlang der Nonnendammallee erhielt, brachte wieder einen personellen Zuwachs, so daß 1914 bei Kriegsausbruch in den Siemensstädter Siemenswerken rd. 30000 Menschen beschäftigt waren.

Nach Kriegsbeginn sank die Beschäftigtenzahl durch Einberufungen männlicher Mitarbeiter sowie Auftrags- und

Materialmangel erst rapide ab, um aber ab 1915, als der länger als erwartet dauernde Krieg immer größere Anforderungen an die Industrie stellte, ebenso rapide zuzunehmen. Bei Kriegsende waren etwa 50 000 Mitarbeiter in den Siemensstädter Werken tätig. Auch die Bautätigkeit kam wieder in Gang. Damit erhielt ein Mann Bauaufgaben für die Siemenswerke, die ihn in den Folgejahren in die erste Reihe der deutschen Architekten stellen sollte: Hans Hertlein. 1913 war er in die Siemens-Bauabteilung eingetreten und zuerst beim Innenausbau des Verwaltungsgebäudes an der Nonnendammallee beschäftigt. 1914 baute er das Siemenshaus in der Schöneberger Straße 3/4 am Anhalter Bahnhof, das heute noch steht. Nachdem Karl Janisch bald nach Kriegsbeginn für die Bayerischen Stickstoffwerke den Aufbau der Kalkstickstoffabriken von Piesteritz und Chorzow übernommen hatte, begann Hertlein mit dem Weiterbau des Wernerwerks II bzw. M, seinen ersten Fabrikbau. Schon 1914 war mit den Grundmauern des Baukomplexes westlich vom Wernerwerk F begonnen, aber bei Kriegsbeginn aufgehört worden. 1915–1918 entstanden die beiden ersten Bauabschnitte, zu denen auch der 70,8 m hohe Turm gehörte, der Schornstein, Wasserbehälter, Uhrenstube und eine Plattform für Versuchsanlagen enthielt. Seine Uhr ist wohl noch immer eine der größten elektrisch betriebenen Uhren Europas; der Durchmesser des Zifferblattes beträgt 7 m, die Länge des Minutenzeigers 3,40 m, die des Stundenzeigers

Blick vom Turm des Wernerwerks F nach Westen, im Jahre 1913. Das Laubengelände im Vordergrund wurde später vom Wernerwerk M besetzt. Oben links das 1913 erbaute Gebäude der Feuerwache und Telefonzentrale. Auf dem freien Gelände daneben wurde 1917–1920 das Forschungslaboratorium erbaut. Jenseits der Straße, des Rohrdammes, liegt die Bahnhalle und dahinter etwas links das Automobilwerk

Luftbild etwa aus dem Jahre 1924: unten links das Blockwerk, rechts daneben das Wernerwerk F und das Wernerwerk M mit dem Siemensturm; davor die Wohnhäuser an Wernerwerkdamm und Ohmstraße; auf der Grünfläche im Vordergrund steht seit 1928–1930 das Wernerwerk-Hochhaus. Links oben die Spree, auf deren rechtem Ufer das ausgedehnte Gelände der ehem. Charlottenburger Wasserwerke mit den Betriebsgebäuden ▷

Das 1915–1918 erbaute Wernerwerk M von Westen her gesehen, im Zustand nach der Erweiterung von 1923. Im Vordergrund der seit 1970 als öffentliche Straße aufgehobene Quellweg ▷

2,20 m. Der Turm wurde das Wahrzeichen von Siemensstadt. Der Buchstabe M bei diesem Werk steht übrigens für »Meßtechnik«, deren Geräte aller Art hauptsächlich hier

Detail aus einem Fabriksaal des Kleinbauwerkes, etwa 1913

Titelseite eines Prospektes für Radiogeräte aus dem Jahre 1932. Die Geräte wurden im Rundfunkwerk hergestellt, das ursprünglich als Blockwerk II erbaut wurde

gefertigt wurden. Das F beim älteren Werk bedeutet »Fernmeldetechnik«. 1923 wurde Werk M im Norden erweitert und umfaßte sechs Höfe. Die letzte Erweiterung von 1928 brachte zwar nicht die Vollendung des Gesamtplanes, aber immerhin die des Südflügels. Er hatte eine Länge von 190 m und eine Höhe inkl. des Kellergeschosses bis zum Dachfirst von 30 m. Die Südfront zeigte sich als einheitlich gestaltete Fassade von 69 Fensterachsen, die durch schmale, von oben bis unten durchlaufende Wandpfeiler voneinander getrennt werden. Die breiteren Eckpfeiler bewirken optisch eine Festigung des Gesamtbildes. Leider existiert diese schöne, durch den Turm als Vertikalakzent betonte Fassade nicht mehr in ihrer ursprünglichen Gestalt. Der durch Bomben zerstörte Ostteil der Südfront ist nicht mehr in alter Form und Höhe wiederaufgebaut worden, womit eine Lücke in die wohlabgewogene Gliederung gerissen ist. (Der Grundriß des Wernerwerks M geht noch auf Karl Janisch zurück und entspricht dem des Wernerwerks F.) Ein Lieblingsprojekt Wilhelm von Siemens' war das Forschungslaboratorium, das

Das Blockwerk I, links und das von Hertlein erbaute Wernerwerk-Hochhaus, 1935 vom S-Bahnhof Wernerwerk aus gesehen. Die Straße im Vordergrund ist noch ein Rest des alten Nonnendammes. Die Gleisanlagen links gehören zum Blockwerk

Hertlein am Rohrdamm erbaute. Der erste Abschnitt entstand 1917, seine Vollendung im Jahre 1920 erlebte Wilhelm von Siemens nicht mehr.

Die sich immer mehr ausdehnenden Fertigungsstätten der Wernerwerke machten schließlich auch den Bau eines eigenen Verwaltungsgebäudes notwendig. Nördlich des Wernerwerkdammes wurde 1928–1930 von Hans Hertlein das Wernerwerk-Hochhaus als Stahlskelettbau errichtet; eine Erweiterung nach Osten, zur S-Bahn hin, erfolgte 1936/37. Der vorher über das Grundstück laufende Teil des Nonnendammes war schon seit 1914 durch den etwas nördlicher verlaufenden Siemensdamm ersetzt worden, der in Höhe der Reisstraße in die Nonnendammallee einmündet. Die Erweiterung des Siemensgeländes auf das Charlottenburger Gebiet machte nach 1920 keine Schwierigkeiten, da nach der Schaffung der Einheitsgemeinde Berlin die früheren Stadtgrenzen nur noch Bezirksgrenzen ohne hoheitliche Bedeutung waren.

Im östlich vom Wernerwerk F liegenden Blockwerk I für Eisenbahnsignal-, -sicherungs- und Stellwerksanlagen war im Laufe der Jahre ebenfalls Raummangel aufgetreten, nicht zuletzt wegen der hier untergebrachten Flugmotoren- und Automobilmotorenfertigung. Eine Erweiterung sollte das Blockwerk II bringen, dessen erster Bauabschnitt nördlich des alten Nonnendammes 1924–25 von Hertlein erstellt wurde. Es diente aber als Blockwerk nicht lange. Obwohl das Jahr 1923 die Geburtsstunde des Rundfunks in Berlin war, hatte Siemens den Bau von Rundfunkgeräten erst 1928 aufgenommen. Dieser späte Termin hing mit den hindernden Abmachungen zusammen, die Siemens mit seiner Tochtergesellschaft Telefunken getroffen hatte, an der auch die andere Mutterfirma, die AEG, beteiligt war. (Der Mitbesitz von Telefunken machte Siemens im Laufe der Jahre immer weniger Freude, so daß es Carl Friedrich v. Siemens nicht schwerfiel, seinen Anteil 1941 an die AEG zu veräußern bzw. gegen andere Unternehmensbeteiligungen zu tauschen.) Da das Blockwerk I durch den Verkauf des Automobilwerkes und den Auszug des Flugmotorenwerkes im Jahre 1927 Platz bekommen hatte, konnte die Rundfunkgeräteproduktion in das frei werdende Blockwerk II gelegt werden. Es wurde 1931, 1937 und 1941/42 auf seinen heutigen räumlichen Umfang ausgebaut, nahm aber auch andere Fertigungszweige, z. B. Verstärkertechnik, in seine Räume auf. Heute baut Siemens keine Rundfunkgeräte mehr; in dem Gebäudekomplex befindet sich das Werk für Weitverkehrssysteme. Architektonisch sind seine wohlgegliederten Baukörper der Auftakt der Siemensstadt für den von Osten her Kommenden.

★

Die Nonnendammallee im Jahre 1914. Im Vordergrund der 1912 erbaute Wohnblock der »Charlottenburger Baugenossenschaft«. Das Ecklokal »Heidekrug« bestand noch bis 1956

Ein Blick in den Quellweg im Jahre 1914. Damals hieß er noch Brunnenstraße und war vom Verkehr kaum berührt

Die Lösung der Eingemeindungsfrage im Jahre 1910 hatte den Weg frei gemacht für einen verstärkten Wohnungsbau. Schon 1909 hatte die »Charlottenburger Baugenossenschaft« das Grundstück Rohrdamm–Nonnendammallee–Wattstraße erworben und bis zum 1. Oktober 1910 mit 140 Wohnungen bebaut. 1911 erwarb sie dann das Grundstück Quellweg–Jugendweg–Mäckeritzstraße–Nonnendammallee und stellte hier 229 Wohnungen und 22 Geschäfte bis zum 1. April 1912 fertig. An diesem Projekt hatte sich Siemens finanziell beteiligt, mit der Maßgabe, daß neun Zehntel der Wohnungen den Firmenbeschäftigten angeboten werden. Das hing damit zusammen, daß ursprünglich das neue Verwaltungsgebäude an der Nonnendammallee schon 1912 fertig sein und die Hauptverwaltung vom Askanischen Platz hierher übersiedeln sollte. Das verzögerte sich jedoch, und so standen viele Wohnungen leer. Um deren Vermietung zu fördern, kam die Genossenschaft auf den Gedanken, für die Siemens-Mieter das Fahrgeld vom

Die 1908 erbaute und 1932 nach Hakenfelde versetzte evangelische Kapelle am Jugendweg, der 1913 noch Schulstraße hieß. Im Hintergrund die 1908 erbaute Gemeindeschule

Askanischen Platz nach Siemensstadt bis zum Umzug der Verwaltung zu übernehmen.

Schon bald nach dem Bezug der ersten Wohnungen im Jahre 1905 wurden auch die ersten Geschäfte, wie Bäcker, Schlächter, Kaufmann, Zigarrenhändler u. a., hier eröffnet. Kommunale Einrichtungen folgten, waren aber ihrer Herkunft nach sehr verschieden: Die Stadt Spandau richtete in einer Wohnung in der Ohmstraße 7 den ersten Schulraum ein; 1907 zog man in das Haus Wehneltsteig 8 und hatte schon drei Klassen. Hier wurden auch seit 1906 in einem gemieteten Laden durch einen Geistlichen der Spandauer Nikolaikirche alle vierzehn Tage Bibelstunden abgehalten. Ein Glücksfall ließ die kleine Gemeinde bald ihr eigenes Gotteshaus erhalten: Für die kirchliche Betreuung der Bewohner von Westend war 1897 am Fürstenbrunner Weg von den Architekten Vollmer & Jassoy eine Interimskirche errichtet worden, die durch die 1906 eingeweihte Epiphanien-Kirche überflüssig geworden war. Sie wurde von Siemens angekauft und 1908 von Karl Janisch auf dem von Siemens zur Verfügung gestellten Grundstück am Rohrdamm/Ecke Schulstraße wieder aufgebaut. Dahinter entstand von 1908 bis 1912 in zwei Abschnitten das erste Schulhaus als Spandaus 11. Gemeindeschule, seit 1957 »Robert-Reinick-Grundschule«. Auch hier hatte Siemens einen Teil der Baukosten getragen. Die erste Gasversorgung des Stadtteils erfolgte durch die Charlottenburger Gaswerke, wurde aber 1910 durch Spandau übernommen, wobei die beiden Gasometer an der Grenzstraße gebaut wurden, die bis 1947 bestanden. Postalisch gehörte »Nonnendamm« nicht zu Spandau, sondern zum Bereich der Oberpostdirektion Berlin, weshalb für den Postverkehr zur Mutterstadt der Ferntarif galt.

Der Erste Weltkrieg legte hier wie überall den Wohnungsbau lahm. Die veränderten wirtschaftlichen Bedingungen nach 1918 führten dann zu einem weitaus stärkeren Engagement von Siemens im Wohnungsbau, als es vorher der Fall gewesen war. Im Juli 1919 wurde die »Wohnungsbaugesellschaft Siemensstadt« (heute SiWoGe) gegründet. 1922 begann nach den Entwürfen von Hans Hertlein der erste Bauabschnitt der Siemens-Siedlung am Rohrdamm und an der Rapsstraße, 1926/27 folgten die Blöcke an der Harriesstraße und 1928–1930 die Reihenhausblöcke an der Rieppel- und Dihlmannstraße. Eine andere Siedlung, an der Siemens sich beteiligte, war die der »Heimat, Gemeinnützige Bau- und Siedlungs-AG«, für welche Hertlein ebenfalls die Pläne lieferte. Sie entstand in zwei Abschnitten 1930 und 1932 mit etwa 900 Wohnungen. In ihrer Mitte liegt seit 1931 die

Blick auf die Wohnsiedlung der SiWoGe am Rohrdamm im Jahre 1929. Der Rohrdamm verläuft links im Bild, oberhalb der Siedlung sieht man den Hohenzollernkanal, dahinter dehnt sich die Jungfernheide. Der Weg schräg im Vordergrund ist der alte »Königsdamm«, der jetzt verschwunden ist. Hier liegt seit 1949 auf Trümmerschutt der Rodelberg

Luftbild eines Teiles der Siedlung der »Heimat« am Schukkertdamm im Jahre 1932. In der Mitte die 1931 geweihte, nach Entwürfen von Hertlein erbaute »Evangelische Kirche Siemensstadt«. Hinter der Kirche sieht man wieder den schräg nach Norden laufenden »Königsdamm«. Ganz oben im Bild erkennt man den S-Bahnhof Gartenfeld und die Gartenfelder Insel

Die 1919 errichtete katholische Kirche. Sie stand bis zu ihrem Abriß 1936 auf dem heutigen Jugendplatz. Ursprünglich war sie eine Notkapelle im Kriegsgefangenenlager Rohrbeck. Seit November 1935 besitzt die katholische Gemeinde ihre ebenfalls nach Entwürfen von Hans Hertlein erbaute St.-Josefs-Kirche am Quellweg, Ecke Goebelstraße

Der Ostteil der Siedlung der »Heimat« am Quellweg während der Bauarbeiten im Jahre 1930. Die Häuser haben hier Flachdächer, um den Übergang zur benachbarten »Großsiedlung Siemensstadt« herauszustellen, die damals unter Hans Scharouns Gesamtleitung erbaut wurde. Links, anstelle der Kiefern vor der Giebelwand, steht seit 1935 die katholische Kirche

Luftaufnahme des Schaltwerk-Hochhauses während seiner Fertigstellung im Winter 1927/28. Links vom Hochhaus die ausgedehnten Flachbauten des Schaltwerkes. Hinter dem Schaltwerk zieht sich die Trasse der damals gerade im Bau begonnenen S-Bahn nach Gartenfeld entlang. Rechts unten ein Teil des 1912/13 erbauten Verwaltungsgebäudes von Siemens-Schuckert

Der Ostflügel und (darunter) die Ehrenhalle des Verwaltungsgebäudes am Rohrdamm im Festschmuck anläßlich des Besuches von König Amanullah von Afghanistan in den Siemenswerken am 27. Februar 1928. Die Ehrenhalle brannte im Kriege aus und wurde in schlichterer Form 1974–1976 wiederhergestellt ▷

evangelische Kirche, durch den auf sie zulaufenden Lenther Steig hervorgehoben. Im südlichen Teil des Lenther Steiges, an der Kreuzung mit der Goebelstraße, wurde 1928 das Arbeiterinnenerholungsheim »Siemensgarten« erbaut. Seit 1932 dient es als Klubhaus für den »Kulturkreis Siemens e.V.« und andere Gruppen. An den ursprünglichen Zweck erinnern noch die zehn Terrakotten der »klugen und törichten Jungfrauen« vom Bildhauer Hermann Hosäus. Auf der anderen Seite steht anstelle einer 1928 erbauten Sportanlage seit 1958 die Robert-von-Siemens-Halle als Mehrzweck-Sporthalle. Das sozialpolitische Engagement des Hauses Siemens hat eine alte Tradition und geht auf Werner von Siemens zurück, der schon 1872 eine eigene Invaliden-, Alters- und Hinterbliebenenversorgung ins Leben rief.
Im städtebaulichen Zusammenhang mit der Siedlung der »Heimat« ist die östlich benachbarte, zum größten Teil auf Charlottenburger Gebiet liegende »Großsiedlung Siemensstadt« zu sehen, die 1929–1932 von der »Gemeinnützigen Baugesellschaft Heerstraße« (GSW) erbaut wurde. Hans Scharoun, der den Lageplan entwarf, baute zusammen mit den Architekten Bartning, Forbat, Gropius, Häring und Henning hier insgesamt 1678 Wohnungen. Diese Siedlungen zwischen der Werkstadt im Süden und dem Erholungsgebiet Jungfernheide im Norden, durch günstige Nahverkehrsverbindungen an die Innenstadt angeschlossen und in ihren verschiedenen architektonischen Konzeptionen auch städtebaulich gelungen, sind heute noch vorbildlich.
Im Jahre 1913 war der Bau des neuen Verwaltungsgebäudes so weit gediehen, daß die Hauptverwaltung von Siemens-Schuckert hier einziehen konnte. Im repräsentativen Ostflügel an der platzartigen Erweiterung des Rohrdammes – auf der seit 1934 das Ehrenmal für die im Ersten Weltkrieg gefallenen Angehörigen des Hauses Siemens steht, seit 1970 auch den Gefallenen des Zweiten Weltkrieges gewidmet –, wurden die Arbeits- und Repräsentationsräume der Leitung des Gesamthauses untergebracht, darunter auch die von Hans Hertlein gestalteten Arbeits- und Bibliotheksräume

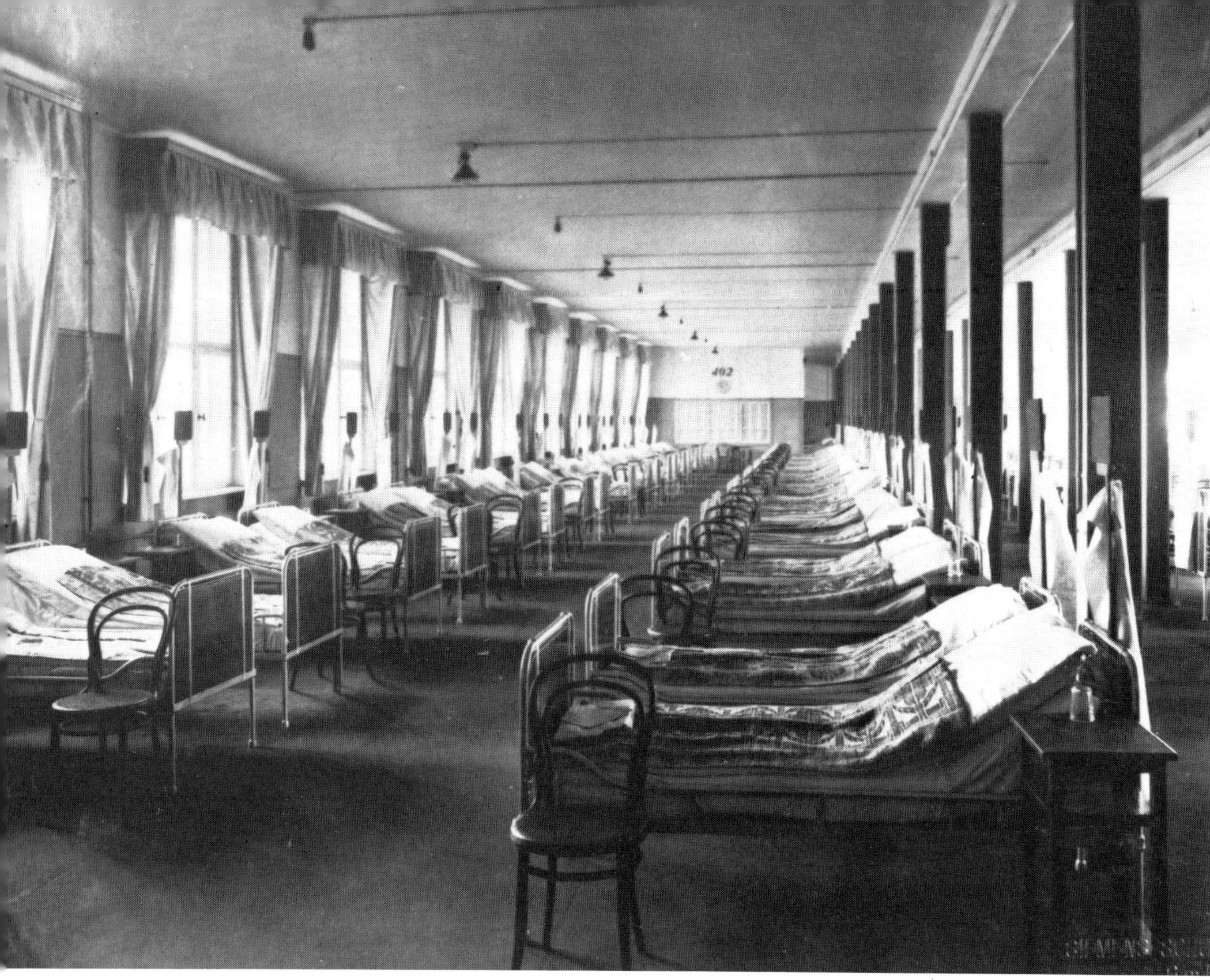

Im Nordostflügel des Verwaltungsgebäudes war während des Ersten Weltkrieges ein »Vereinslazarett des Deutschen Roten Kreuzes« untergebracht, das etwa 400 Betten enthielt. Hier ein Saal mit etwa 80 Betten

Wilhelm von Siemens'. Das Haus war in seiner Konzeption auf Erweiterungsmöglichkeiten nach Norden hin angelegt, wurde aber nie ganz ausgeführt. In der Mitte der dreißiger Jahre arbeiteten hier über 4000 Menschen auf einer Nutzfläche von 77000 qm. Der Gesamtentwurf für das Haus stammt von Karl Janisch, während die Fassade von dem Architekten Friedrich Blume entworfen wurde. Der Erste Weltkrieg hatte die Vollendung des Hauses unterbrochen, und so konnte in dem noch nicht ausgebauten Nordostflügel am Rohrdamm ein »Vereinslazarett des Deutschen Roten Kreuzes« eingerichtet werden. Für das Ausladen der mit der Eisenbahn antransportierten Verwundeten gab es einen provisorischen Lazarettbahnsteig an der Südseite der Nonnendammallee.

In den Krieg fielen auch die baulichen Anfänge des Schaltwerkes in Siemensstadt. Als die Siemenswerke sich am Bau von Flugzeugen beteiligen mußten, wurde 1917 westlich vom Verwaltungsgebäude eine Halle in Eisenkonstruktion errichtet, in der der Bau der Flugzeugrümpfe und Einbau der Motoren erfolgte; hierher wurde auch 1917 ein kleiner Teil der Schalterfabrikation verlegt, bis dahin hatten die Räume in den Charlottenburger Werken noch ausgereicht. 1921/22 erfolgte eine Erweiterung der Flachbauten auf 36000 qm Nutzfläche, die für die Großfabrikation zur Verfügung stand. Für die Aufnahme weiterer Werkstätten und Büros errichtete Hertlein 1927/28 das zehngeschossige Hochhaus als Stahlskelettbau mit einer Nutzfläche von 33000 qm. Mit diesem epochemachenden Werk des Industriebaues hatte sich Hans Hertlein einen bleibenden Namen in der Architekturgeschichte gesichert. Das Schaltwerkhochhaus und das zwei Jahre später erbaute Wernerwerk-Hochhaus stehen als Zeugnisse des Neuen Bauens unter Denkmalschutz.

Anders als Carl Friedrich von Siemens, dem es sogar gelang, in der Hitlerzeit den Flugmotorenbau ganz aus seinem Geschäftsbereich auszugliedern, war sein älterer Bruder Wilhelm ein Förderer des Flugzeugbaues. Wilhelm hatte auch vor dem Kriege die Konstruktion eines unstarren Luftschiffes veranlaßt und dafür auf seinem Gute Biesdorf durch Karl Janisch eine drehbare Luftschiffhalle erbauen lassen. Er erkannte bald die Überlegenheit des Flugzeuges über das Luftschiff – auch des starren – und förderte ganz besonders den Bau von bis dahin nicht existierenden mehrmotorigen Flugzeugen. Hier darf vielleicht eingeschaltet werden, daß Wilhelms Neffe Werner Alfred Pietschker einer der ersten deutschen Flieger war. Er stürzte am 15. November 1911 infolge des Bruches einer Stabilisierungsfläche an

Eines der besten Jagdflugzeuge im Ersten Weltkrieg war die »Siemens-Schuckert D-III«, die im Frühjahr 1918 an die Front kam. Unser Bild zeigt eine Maschine aufgebockt auf dem Flugplatz in Haselhorst

Von 1917 an baute Siemens-Schuckert das zweimotorige Bombenflugzeug »Gotha G-V« in Lizenz. Das Bild zeigt die Bauhalle während der Montage eines Flugzeuges

Der 1906 errichtete älteste Teil des Dynamowerkes mit der Front an der Motardstraße; es sind die heutigen Hallen B und C

Eine »Protos«-Taxe der Siemens-Werke vor dem Eosander-Portal des Berliner Stadtschlosses an der Schloßfreiheit

Blick nach Feierabend in die Halle des Automobilwerkes während des Ersten Weltkrieges

seiner Maschine ab und fand den Tod. – Die Flugzeugproduktion wurde von den Siemens-Schuckert-Werken betrieben, die Motoren – der Sh III Umlauf-Sternmotor mit 160 PS – wurden von Siemens & Halske geliefert. Nach der Erstellung einiger Prototypen ging 1918 die »Siemens-Schuckert D-III« in Serienfertigung. Es wurden insgesamt 80 Stück gebaut, die von Juli 1918 bis Kriegsende im Einsatz waren. Das »berühmte« zweimotorige Bombenflugzeug »Gotha G-V« war keine Siemens-Entwicklung, sondern ein Lizenzbau für die Gothaer Waggonfabrik. (Die AEG baute damals in ihrer Henningsdorfer Flugzeugbauabteilung die zweimotorige »AEG G-IV«, die kleiner war als die Gotha G-V.)

Abschließend soll noch erwähnt werden, daß Siemens-Schuckert auch ein »Riesenflugzeug« konstruierten. Es hatte die damals einmalige Spannweite von 48 m, eine Länge von 21,60 m, 6 Motoren und eine Besatzung von 4 bis 6 Mann. Bis Ende 1918 war nur eine Maschine fertiggestellt, die aber wegen der Schäden infolge des Bruches einer Getriebewelle nie in die Luft kam. Das Kriegsende machte auch dem Flugzeugbau ein Ende, nicht jedoch dem Flugmotorenbau, er wurde zusammen mit dem Automobilmotorenbau im Blockwerk I weiterbetrieben.

Wer denkt heute noch daran, daß Siemens einst Autos baute? Das Automobilwerk der Siemens-Schuckert-Werke, das für die Produktion elektrischer und benzin-elektrischer Fahrzeuge bestimmt war, wurde 1906 an der Nordseite der Motardstraße nahe dem Rohrdamm errichtet. 1906 begann man auch mit der Herstellung von Benzinmotor-Fahrzeugen, wozu die Reinickendorfer »Protos-Automobil- und Motorenfabrik« erworben wurde. Deren Protos-Wagen waren damals als Sieger in der Weltfahrt New York–Paris bekannt geworden. Die Personen- und Lastkraftwagen der Marke »Protos« hatten einen guten Ruf wegen ihrer Solidität und Zuverlässigkeit, lagen aber in puncto Billigkeit nicht an der Spitze. Protos beteiligte sich auch nicht an Autorennen bzw. nur an Zuverlässigkeitsfahrten, die mit den normalen Fahrzeugen bestritten werden konnten. Aus diesen Fahrten gingen die Automobile von Protos auch mehrfach als Sieger hervor. Schon vor dem Ersten Weltkrieg hatte man mit dem Bau von Heereslastkraftwagen begonnen, der während des Krieges dann die Produktion beherrschte. Nach dem Krieg wurde die Automobilfabrikation mehr und mehr unwirtschaftlich, und da bei dem damaligen Preis des Wagens – er kostete Mitte der zwanziger Jahre 13000 Mark – ein verbilligender Massenumsatz nur mit beträchtlichen Investitionen gegen eine starke Konkurrenz zu erzielen war, wurde die »Protos Automobile GmbH« im Jahre 1927 an die »Nationale Automobilgesellschaft AG« in Oberschöne-

weide verkauft. Ein großer Teil des technischen Personals wurde von der NAG mit übernommen. Damit fand das Zeitalter des Automobils, das doch eigentlich erst beginnen sollte, bei Siemens schon ein frühes Ende. Die frei gewordenen Hallen des Werkes wurden 1934 für die Produktion von Gleichrichterröhren des damals neugegründeten Röhrenwerkes umgebaut. Ein Teil dieser Hallen wurde im Kriege zerstört.

Zur gleichen Zeit wie das Automobilwerk wurde auch der erste Teil des Dynamowerkes in Siemensstadt errichtet. Es sollte den Großmaschinenbau aufnehmen und so das Charlottenburger Werk entlasten. 1910 wurde die Halle auf die doppelte Länge vergrößert und eine niedrigere westlich angebaut. 1912 folgte die sogenannten Lokomotivmontagehalle. Gleichzeitig wurden diese verschiedenen Hallen von der vorgelegten monumentalen Fassade an der Nonnendammallee zusammengefaßt und akzentuiert. Bereits 1914 betrug die nutzbare Fläche 60000 qm, in den späteren Jahren kamen noch Erweiterungsbauten hinzu. Das Werksgelände von Siemens reichte damit im Westen bis an die Grenzen der Gutsbezirke Haselhorst und Sternfeld heran. – Wie schon früher bemerkt, waren 1914 in den Siemensstädter Siemenswerken 30000 Menschen beschäftigt. Die Zahl stieg während des Krieges auf 50000 an, um sich in den Jahren 1924–1929 zwischen 45000 und 65000 zu bewegen. Naturgemäß wohnte immer der kleinere Teil davon in der Nähe der Werke, das würde auch der forcierteste Wohnungsbau nicht geändert haben können. So waren die Anstrengungen der Firmenleitung immer auf brauchbare Verkehrsverbindungen nach Siemensstadt gerichtet. Die wenig finanzstarke Stadt Spandau konnte in den ersten Jahren keine Mittel in ihre Exklave investieren, so daß die Siemenswerke sogar das über ihr Gelände laufende Stück des Nonnendammes selbst ausbauten – in einer Breite von 49 m war er damals die breiteste Straße Spandaus – und der Stadt übergaben. 1913, nach Beruhigung des Verhältnisses zu Charlottenburg,

Die Endhaltestelle der von Berlin kommenden Straßenbahnlinie 164 vor dem Schaltwerk Anfang der zwanziger Jahre

wurde der Siemensdamm gebaut, der den alten, sich nahe des Flußufers hinziehenden Nonnendamm ersetzte, heute aber wieder weitgehend neuen Straßen im Anschluß an die Stadtautobahn gewichen ist. Von Berlin aus wurde 1914 als Verbindung nach Siemensstadt die Straßenbahnlinie 164 über Bahnhof Jungfernheide–Siemensdamm–Nonnendammallee bis zur Endstation vor dem Verwaltungsgebäude geführt. Die nördlichen Gleise in der Nonnendammallee waren für die Straßenbahn nach Berlin, die südlichen für die Spandauer Straßenbahn und die Siemens-Güterbahn vorgesehen. (Diese als Eisenbahn benutzte Strecke bedurfte eines stärkeren Unterbaues, als er für Straßenbahnen erforderlich war.) Obwohl ursprünglich nur wenige Siemens-Beschäftigte in Spandau wohnten, hatte die Firma auf eigene Kosten eine Straßenbahnverbindung dorthin geschaffen. 1908 wurde sie als »Nonnendamm-Straßenbahn« eröffnet; im Mai 1909 erhielt sie das kleine Depot an der Grenzstraße, das für die sechs Triebwagen und sechs Anhänger dieser Linie bestimmt war. Im Oktober 1909 gingen Depot und Wagen in städtischen Besitz über und wurden ein Teil der Spandauer Straßenbahn als Linie »N«. Die alten Wagen liefen noch bis etwa 1930 auf der Linie 55 E. Die seit 1924 bestehende Straßenbahnlinie 55 zwischen Pichelsdorf im Westen und Treptow im Osten lief über Siemensstadt. Sie war auch die letzte Straßenbahnlinie, die am 2. Oktober 1967 ihren Betrieb in Berlin (West) einstellte.

Die erste Verkehrsverbesserung zum Stadtteil Nonnendamm/Siemensstadt hatte man mit der schon erwähnten Eröffnung der Vorortbahn-Haltestelle Fürstenbrunn erreicht. (Seit 1925 heißt sie »Siemensstadt-Fürstenbrunn«.) Weitere Projekte einer Eisenbahnlinie durch Siemensstadt oder einer Untergrundbahnverbindung blieben – nicht zuletzt wegen des Kriegsausbruches 1914 – auf dem Papier.

Wagen 99 der Städtischen Straßenbahn Spandau an der damaligen Endhaltestelle am Rohrdamm, dicht vor dem »Siemenssteig«, am 8. Oktober 1913. Diese Wagen waren bis etwa 1930 auf der Linie 55 E eingesetzt

Der Straßenbahnhof an der Grenzstraße nach seiner Erweiterung im Jahre 1923. Der 1944 ausgebombte Bahnhof wurde 1951 abgebrochen und das Gelände an Siemens zurückverkauft

Die um 1875 von der »Centralbank für Bauten« an der heutigen Sternfelder Straße erbaute »Weiße Villa«, ein weißgetünchter Ziegelrohbau. Sie war bis 1936 Wohnung des Direktors der Motard AG und wurde 1944 durch Bomben zerstört

Die Motardsche Kerzenfabrik an der Sternfelder Straße. Wasserturm und Schornstein gehörten zu dem von der »Centralbank« errichteten Dampfsägemühle. Sie wurden 1955 abgebrochen, so daß von der alten Bebauung jetzt nichts mehr vorhanden ist

Nach dem Ende der Inflation nahm aber Siemens den Gedanken einer Bahnlinie erneut auf und nach längeren Verhandlungen über die Trassenführung wurde 1928 mit dem Bau der »Siemensbahn« vom Ringbahnhof Jungfernheide über die Bahnhöfe Wernerwerk und Siemensstadt zum Endbahnhof Gartenfeld begonnen. Der Architekt der Hochbauten war auch hier Baudirektor Hans Hertlein. Der Bau dieser Bahn fiel zeitlich etwa mit dem Bau des Schaltwerkhochhauses und der Verlegung der letzten Charlottenburger Fertigungen hierher zusammen. Nach dem damali-

gen Stand hatten 44 Prozent der Siemens-Beschäftigten ihren Anfahrtweg über den Nordring der S-Bahn. Die neue Strecke wurde am 18. Dezember 1929 eröffnet; die Baukosten betrugen 14 Millionen Mark. Sie ging gegen Erstattung einer aus den zu erwartenden Betriebsüberschüssen errechneten Summe in den Besitz der Reichsbahn über. Die Bahn war nicht nur für die Siemenswerke von Bedeutung, sie förderte auch den Ausflugsverkehr nach Saatwinkel und Tegel.

★

Das von den Siemensfirmen 1928–1930 erbaute Kraftwerk West an der Otternbuchtstraße. Für die Architektur zeichneten die Architekten Dohme und Tratt verantwortlich. Ende der dreißiger Jahre begann eine Erweiterung, zu der der dritte Schornstein gehört. Nach dem Wiederaufbau erhielt es 1953 den Namen »Kraftwerk Reuter«

Das von dem Fabrikanten Charles Eugene Motard in den neunziger Jahren errichtete Landhaus im Motardschen Park. Es lag am Fuße des Sternberges an der Nordseite der Motardstraße und wurde im Kriege zerstört. Das Gelände des inzwischen abgetragenen Sternberges gehört seit 1926 den Osramwerken

Mit diesen Lokomotiven vom Typ »T3« bewältigte die preußische Staatsbahn den für die Siemensfirmen bestimmten Güterverkehr zwischen dem Güterbahnhof Ruhleben und der Übergabestelle an der Nonnendammallee

Die Geschichte der Siemenswerke endet nicht an der Grenze der Siemensstadt, im Gegenteil, schon 1911 griff man nach Gartenfeld hinaus, und nach dem Ersten Weltkrieg erwarb man in Haselhorst, Sternfeld und Spandau weiteres Gelände. Die nur auf den Stadtplänen existierende »Grenzstraße« bezeichnete den Verlauf der früheren Grenzen zu Haselhorst nördlich und zu Sternfeld südlich der Nonnendammallee. Die Südseite der Motardstraße bis zum Anfang des Röhrenwerkes etwa gehörte zu Sternfeld; südöstlich davon liegt das von Altwässern der Spree durchsetzte Gelände der ehemaligen »Charlottenburger Wasserwerke«, südwestlich von Sternfeld liegen die bis 1920 zu Charlottenburg gehörenden »Lietzower Wiesen«, auf denen auch das Kraftwerk Reuter steht.

Wenn man früher den Weg anstelle der Grenzstraße ein Stück am Straßenbahnhof vorbei nach Norden ging und dann nach links abbog, kam man zu dem 1901 angelegten kleinen Friedhof von Haselhorst, der ursprünglich von zwei Pulverhäusern flankiert, einsam in der weiten Fläche des Exerzierplatzes lag. Seit 1960 ist er aufgelassen und gehört jetzt zum Schaltwerkgelände. Auf der Südseite der Nonnendammallee lag noch lange unbebaut das Gelände des Sternberges. Er war mit 46 m über dem Meeresspiegel der höchste Punkt der »Weißen Sandberge«, einem Dünenzug, der sich in ost-westlicher Richtung, beginnend etwa an der Reisstraße, bis zur heutigen Otternbuchtstraße hinzog und seit 1900 nach und nach abgetragen wurde. Zum großen Teil verschwand der Sternberg, als die Firma Motard 1926 dieses Stück ihres Grundbesitzes an Osram verkaufte, das hier den Betrieb des neuen Maschinenglaswerkes im Jahre 1927 aufnahm. Der frei gebliebene Rest des Grundstückes, auf dem auch das 1944 zerstörte Motardsche Landhaus lag, wurde 1972/73 mit der neuen Osram-Lampenfabrik bebaut. – Von der Motardstraße nach Süden führt die Sternfelder Straße zum ehemaligen Motardschen Fabrikgrundstück. Auf dem Gelände des »Sternfeldes«, das seinen Namen in Anlehnung an den benachbarten »Paulstern« hatte, wollte die Anfang 1872 in der Hochflut der Gründerjahre ins Leben gerufene »Centralbank für Bauten« eine Villenkolonie mit etwa 80 Häusern »gründen«. Sie hatte 1872 den »Paulstern« mit seinen Gebäuden und etwas später das Sternfeld erworben und baute 1874 am Bogen der »Faulen Spree« eine Dampfsägemühle, um den Wasseranschluß für den Holztransport auszunutzen. Aus der Villenkolonie in dieser abgelegenen und verkehrsmäßig unerschlossenen Gegend wurde nichts, und nur eine, die »Weiße Villa« an der Sternfelder Straße, wurde tatsächlich gebaut. Der Gründerkrach mit der ihm

Dieses Bild aus den fünfziger Jahren zeigt einen jahrzehntealten, jetzt nicht mehr bestehenden Zustand: Die Straße im Vordergrund ist die Paulsternstraße, daneben läuft das Gleis der Siemens-Güterbahn. Auf ihm fährt eine Lok, die nach ihrer Form »Bügeleisen« genannt wurde. Dahinter sieht man die Gebäude der ehemaligen Armeekonserven-Fabrik, ganz rechts auch das Haselhorster Gutshaus. Das Fachwerkhaus ist das sogenannte Bischofswerdersche Haus, das 1974 abgerissen wurde

folgenden wirtschaftlichen Flaute, die bis in den Anfang der achtziger Jahre anhielt, machte alles zunichte. Aus der Konkursmasse der »Centralbank« erwarb die Firma »A. Motard & Co« 1887 den Paulstern und 1891 das Sternfeld.

Die Stearin- und Lichtfabrik von Dr. A. Motard war als erste ihrer Art 1838 in Berlin gegründet worden; die Betriebsräume waren in der Brüderstraße 15, die Siederei wegen der Geruchsbelästigung außerhalb der Stadt, »Vor dem Halleschen Thor« Nr. 6, der heutigen Gitschiner Straße. Durch ein 1853 eingeführtes neues Destillationsverfahren nahm die Firma einen raschen Aufschwung. Mangels weiterer Ausdehnungsmöglichkeiten zog man 1887 nach »draußen«. In Paulstern wurde mit Benutzung der vorhandenen Gebäude der ehemaligen Gips- und Schneidemühle die Produktion der Stearinmasse und verwandter Nebenprodukte betrieben, während die eigentliche Lichtfabrik seit 1891 in den Sternfelder Gebäuden lag, die zum Teil noch aus der »Centralbankzeit« stammten. Um 1900 waren in den Motardschen Werken immerhin über 400 Personen beschäftigt, in der Mehrzahl Frauen. Schon 1907 erwarb Siemens-Schuckert ein Stück des Motardschen Geländes an der Faulen Spree. Zuerst war hier eine Bootswerft, in der elektrisch betriebene Motorboote gebaut wurden; von 1933 bis in die Kriegsjahre hinein war dann der Motor-Jacht-Club Siemens hier ansässig. 1941 kaufte Siemens-Schuckert auch das übrige Motardsche Gelände.

Auf dem ungenutzten Wiesengelände an der Otternbucht konnten die Siemensfirmen 1928–30 ihr erstes Kraftwerk für die städtische Berliner Stromversorgung errichten. (Bis dahin waren alle Kraftwerke für die BEWAG von der AEG gebaut worden.) Die kurz vor Kriegsausbruch begonnene Erweiterung des Werkes macht sich im Äußeren durch den glatten dritten Schornstein bemerkbar. Die Maschinen und Kessel wurden im Krieg nicht mehr eingebaut und lagerten in Westdeutschland. 1945 wurden die Anlagen des kaum beschädigten Kraftwerkes von den Sowjets demontiert. Um die Berliner Stromversorgung zu sichern, die damals weitgehend von dem im russischen Sektor liegenden Kraftwerk Klingenberg abhängig war, sollte auf Befehl der britischen Besatzungsmacht bis zum Winter 1949/50 die erste Ausbaustufe des Kraftwerks West mit den in Westdeutschland lagernden Maschinen in Betrieb genommen werden. Trotz der sowjetischen Blockade wurden die Materialien für den Bau – insgesamt 1500 t – über die Luftbrücke herangeschafft und die erste Ausbaustufe mit 108 000 kW Leistung am 1. Dezember 1949 offiziell in Betrieb genommen. Seit Dezember 1953 trägt das Werk den Namen Ernst Reuters, dessen Initiative der frühzeitige Wiederaufbau des Kraftwerkes zu verdanken ist.

Die Zufahrt zum Kraftwerk bildet die Otternbuchtstraße, deren Verlängerung nach Norden ist die Paulsternstraße. Paulstern selbst lag etwa dort, wo die Motardstraße auf die Nonnendammallee stößt. Hier hat Motard, das seit 1937 zur »Scheidemandel AG« gehört, jetzt seine Produktionsstätten zusammengefaßt. In der Nonnendammallee liegen auch die Gleise der Siemens-Güterbahn, die am Kraftwerk Reuter vorbei über die Spreebrücke zum Güterbahnhof Ruhleben führen. Von 1907 bis 1932 ging die Eisenbahnverbindung durch Haselhorst über das Gelände der Heereswerkstätten und die Spreebrücke nahe der Zitadelle hinüber nach Ruhleben.

Die erst 1974 in ihrer heutigen Breite ausgebaute Paulsternstraße war einst ein Landweg, der sich 700 m lang durch die Fluren von Haselhorst als Verbindung vom Gut zu dem nach Berlin führenden Nonnendamm hinzog. Das Gut Haselhorst ist aus dem domänenfiskalischen Vorwerk »Plan« hervorgegangen, das den östlich der Havel liegenden königlichen Besitz einschloß, der nach damaligem Brauch zu einem »Amt« zusammengefaßt wurde. Die Pächter oder Verwalter solcher »Ämter« trugen daher meistens die Bezeichnung »Amtmann«. Das Amtsvorwerk Plan wurde 1812 an den Oberamtmann Grützmacher aus Berlin verpachtet, der seit 1800 auch Generalpächter der Bewirtschaftung und des Grundbesitzes des Invalidenhauses war. (Der dort auf einer Sandschelle zwischen Invalidenhaus und Chausseestraße angelegte Exerzierplatz, auf dem später auch die »Maikäferkaserne« stand, trug nach diesem Pächter bis in unsere Tage hinein noch den Namen »Grützmacher«!) Die Gebäude des Vorwerkes befanden sich zuerst nahe der Zitadelle. Wohl um Rayonbeschränkungen zu vermeiden, verlegte Grützmacher sie an die heutige Gartenfelder Straße und ließ 1817 dort das Gutshaus erbauen. Das Gut umfaßte eine Fläche von über 1270 Morgen an Äckern und Wiesen; auch die später selbständigen Güter und Besitzungen Paulstern, Sternfeld und Gartenfeld gehörten dazu. Den Namen »Haselhorst« bekam das Gut erst 1848, um Verwechslungen mit der königlichen Gewehrfabrik auf dem »Plan« zu vermeiden. Nach dem Tode Grützmachers 1832 wechselte das Gut mehrfach seinen Besitzer. Dabei wurden 1852 Paulstern und 1865 Sternfeld und Gartenfeld vom Gute abgetrennt. Vom letzten Privatbesitzer kaufte 1889 der Militärfiskus das Gut Haselhorst und ließ auf dem Gutshof zur Entlastung der bisher einzigen Armee-Konservenfabrik in Mainz eine neue Fabrik erbauen, die 1892 in Betrieb genommen wurde. Das Gutsgelände südlich und östlich des Gutshofes wurde Exerzierplatz der Spandauer Garnison; der östliche Teil wurde während des Ersten Weltkrieges auch als Flugplatz benutzt.

Das Gut Gartenfeld schloß etwa die Fläche der heutigen Insel zwischen dem Hohenzollernkanal und dem alten Berlin-Spandauer-Schiffahrtskanal ein. Das Gebiet wurde auch »Der Vogelsang« genannt. Seine Waldflächen wurden 1885 abgeholzt, um sie landwirtschaftlich nutzen zu können. Schon 1866 war an der Gartenfelder Straße, am Nordufer

Eines der Gebäude der ehemaligen Armeekonserven-Fabrik im Jahre 1938, als es als Lagerhaus der Siemenswerke diente

Das alte, 1817 erbaute Gutshaus Haselhorst. 1965 wurde es wegen Baufälligkeit abgerissen und 1971 die danebenliegenden Bauten der Armeekonserven-Fabrik. Heute erhebt sich hier eine Wohnanlage der SiWoGe mit 600 Wohnungen

Das einst vielbesuchte Ausflugslokal von »Barthels Waldschlößchen Haselhorst« auf der rechten Seite der Gartenfelder Straße am Nordufer des alten Berlin-Spandauer Schiffahrtskanales. Seit 1929 ist hier die Siemens-Tischlerei

MENS-SCHUCKERT
IA
6082

Die Siemens-Güterbahn beim Abtransport von Kabeltrommeln aus dem Lager im Kabelwerk Gartenfeld. Im Hintergrund der von Hans Hertlein 1923 erbaute Lagerhochbau; 1977 wurde er abgerissen, um neuen Fertigungsstätten Platz zu machen

◁ *Eine Fabrikationshalle des alten »Kabelwerkes Westend« an der Spree, das seit 1912 als Elektromotorenwerk diente*

◁ *Kabeltransport im Gartenfelder Kabelwerk um 1920. Der Lkw ist ein vollgummibereifter Protos-Lkw von Siemens. Im Hintergrund das dem Kabelwerk benachbarte Metallwerk*

des alten Kanals, das »Waldschlößchen Haselhorst« entstanden, das, an der Uferstraße nach Saatwinkel gelegen, ein beliebtes Ausflugsziel war. Schon Carl Riesel in seinem Führer »Das romantische Havelland« beschreibt es 1869 lobend:

»Hasselhorst, ½ Std. östlich von Spandau und 1½ Std. nordwestlich von Berlin, gehört zum Kreise Ost-Havelland, wurde 1848 so benannt, vormals Plan, mit 11 Wohnhäusern und 150 Einwohnern. Rechts vom Kanal (von Berlin kommend) und rechts vom Wege nach Tegel und Saatwinkel ist die Restauration: Schlößchen Hasselhorst, im eleganten Schweizer-Stil erbaut, deren Zukunft durch die Lage am Kanal (namentlich im Winter als Rendezvous der Schlittschuhläufer), ferner durch die Nähe Spandaus (½ Std.) und Berlins (1½ Std.) zu guten Erwartungen berechtigt. Der Pächter Schultze hält gute Speisen und Getränke; das Lokal mit seinen stattlichen Räumen, Billards, Kegelbahnen und hübschen Waldpartien in der Umgebung wird deshalb auch nicht allein von Berlinern, sondern auch von Spandauern viel besucht. (Besitzer ist der Ziegeleibesitzer Lindner in Birkenwerder.)«

Die Stadt Spandau erwarb das Gut Gartenfeld vom letzten Privatbesitzer und verkaufte es später an die Siemens-Schuckert-Werke, die hier 1911/12 ein neues Kabelwerk erbauten. Die Anlagen sind im ersten Teil von Karl Janisch, in den Erweiterungen von 1916/17, 1923 und 1927/28 von Hans Hertlein errichtet worden. 1917 wurde auf dem noch unbebauten Südteil Gartenfeldes eine Pulverfabrik erbaut. An deren Stelle kam 1927/28 das Büro- und Packerei-Gebäude des Metallwerkes, das jetzt in das 1953 eingerichtete Hausgerätewerk mit einbezogen ist.

Die seit dem Ende des Ersten Weltkrieges stilliegende Armee-Konservenfabrik wurde 1936 an Siemens-Schuckert verkauft, aber bis 1945 nur zu Lagerzwecken genutzt, ohne daß es zu Baumaßnahmen gekommen wäre. 1965 wurde das baufällige Gutshaus abgerissen, 1971 folgte der Abbruch der Fabrikgebäude, 1972–75 entstand hier eine Wohnanlage der SiWoGe mit 600 Wohnungen nach Entwürfen der Architekten Maurer, Mauder, Hedinger und Suckrow. Nachdem die

Versuchsschießstand der 1917 eingerichteten Pulverfabrik auf der Gartenfelder Insel. Im Hintergrund das 1917 erbaute Metallwerk. Der Schießstand befand sich dicht am Südufer des Berlin-Spandauer Schiffahrtskanales

zwischen 1892 und 1907 für die Arbeiter der fiskalischen Fabriken erbaute Siedlung an der Riensberg- und Feldzeugmeisterstraße bis auf wenige Häuser auch abgebrochen ist, sind alle Erinnerungen an die militärische Vergangenheit getilgt. In der militärfiskalischen Arbeitersiedlung wohnten um 1910 etwa 1600 Menschen.

Zur Behebung der Wohnungsnot nach dem Ersten Weltkrieg wurde u. a. 1926 die »Reichsforschungsgesellschaft für Wirtschaftlichkeit im Bau und Wohnungswesen« (RFG) gegründet. Sie kam unter maßgeblichem Einfluß der damaligen Reichstagsabgeordneten Frau Dr. Maria Elisabeth Lüders zustande. Die RFG erwarb von den »Deutschen Industrie-Werken« als Nachfolger der Heereswerkstätten ein umfangreiches Gelände in Haselhorst und schrieb 1928 einen Wettbewerb für dessen Aufteilung und Bebauung aus. Den 1. Preis erhielt die Gemeinschaftsarbeit von Walter Gropius und Stephan Fischer. Bei der 1930 beginnenden Bebauung trat als Bauherr im Auftrage der RFG die »Gemeinnützige Heimstätten-Aktiengesellschaft Groß-Berlin« (Heimag) auf. Die Ausführung der Anlage hielt sich nicht an das etwas geänderte Wettbewerbsergebnis, sondern brachte eine Reihe von Veränderungen der ursprünglichen Konzeption. In acht Bauabschnitten erstellten mehrere Wohnungsbaugesellschaften nach den Plänen der Architekten Fred Forbat und Paul Mebes & Emmerich bis 1935 insgesamt 3450 Wohnungen mit einer Bausumme von 40 Millionen Mark. Die Siedlung, die im Kriege nur geringe Schäden erlitt, kann noch heute als vorbildlich für den Wohnungsbau angesehen werden.

Die westliche Grenze der »Reichsforschungssiedlung« ist die Daumstraße, die in weitem Bogen die ehemaligen Befestigungen mit dem Grützmachergraben umzieht. Außerhalb derselben lag der ehemalige Salzhof, auf dem sich jetzt das große Tanklager der »Deutschen Shell AG« befindet. Innerhalb der Befestigung lagen die Gewehrfabrik, die Munitionsfabrik und die ausgedehnte Pulverfabrik, denen sich auf der Insel Eiswerder das Feuerwerkslaboratorium anschloß. Nachdem 1919 die Heereswerkstätten in Spandau ihre Produktion einstellen mußten, gingen auch die Werksanlagen nördlich der Spree an die »Deutschen Industrie-Werke« über. In den Fabriken am Zitadellenweg betrieb man mit Erfolg den Motorradbau. Einen Teil der Gebäude der stillgelegten Munitionsfabrik am Zitadellenweg erwarb 1927 die Siemens & Halske AG für ihr Flugmotorenwerk, das bis dahin im Blockwerk untergebracht gewesen war. Da, wie schon gesagt, Carl Friedrich von Siemens kein Freund des Flugmotorenbaues war und er sich nach 1933 den

Der einstige Eingang zum Wohngebiet der Pulverfabrik am Zitadellweg, das in einem weitläufigen, parkartigen Gelände lag, etwa im Jahre 1938

Das 1939 eingerichtete Siemens-Telegrafenwerk in den Gebäuden der ehemaligen Konsum-Bäckerei. Blick von Norden auf den Schornstein und das ehemalige Speichergebäude

Mit D=Rad
fahren Sie billiger!
Unterrichten Sie sich
über die günstigen Preise
unserer einzelnen Modelle
DEUTSCHE INDUSTRIE-WERKE AKTIENGESELLSCHAFT BERLIN-SPANDAU
Vertretungen und Ersatzteillager an allen größeren Plätzen

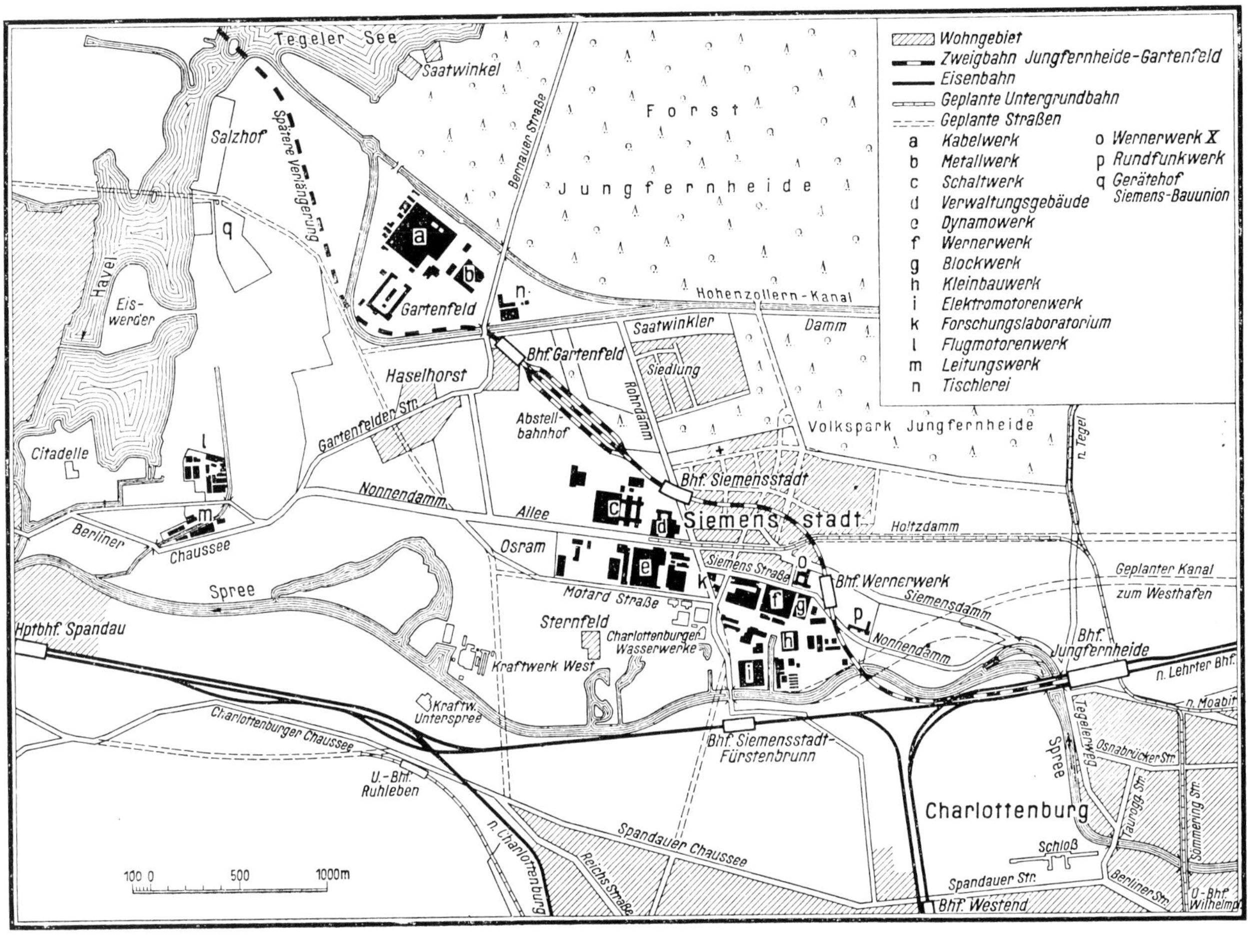

Lageplan der verschiedenen Siemenswerke in Siemensstadt, Gartenfeld und Haselhorst im Dezember 1929 bei Eröffnung der »Siemensbahn« zwischen Jungfernheide und Gartenfeld

◁ *Luftbild des Siemens-Flugmotorenwerkes auf dem Gelände der Munitionsfabrik nördlich des Zitadellenweges. Links unten ist das heute noch stehende Verwaltungsgebäude der Munitionsfabrik zu erkennen, rechts im Bild der Wassergraben, der das Wohngelände vom Fabrikgelände der Pulverfabrik trennte, oben rechts im Bild die Baustelle der 1929 begonnenen Konsum-Großbäckerei*

◁ *Eine Zeitungsanzeige aus dem Jahre 1932 für das in den »Deutschen Industrie-Werken« hergestellte »D-Rad«*

schrankenlosen Ansprüchen der Luftwaffe nicht unterordnen wollte, gliederte er das Flugmotorenwerk in die neugegründeten »Brandenburgischen Motorenwerke GmbH« ein, 1939 gelang es ihm, die »Bramo« an die »Bayerischen Motorenwerke« (BMW) zu veräußern, die noch heute Eigentümerin der Grundstücke ist und hier ihre Motorradfertigung betreibt.

Einen Teil des Geländes der nördlich an die Munitionsfabrik angrenzenden Pulverfabrik erwarb 1929 die »Konsumgenossenschaft Berlin und Umgegend« und ließ durch den bekannten Architekten Max Taut hier eine Großbäckerei errichten, die 1930 ihren Betrieb aufnahm. Durch das von den Nationalsozialisten verhängte Betätigungsverbot für die Konsumgenossenschaften wurde die Fabrik 1934 stillgelegt. 1937 erwarb Siemens & Halske die Fabrik samt maschineller Einrichtung und baute sie zum Wernerwerk T – Telegrafenwerk – um. Die Gebäude wurden im Oktober 1944 schwer beschädigt, waren aber bis 1945 noch in Benutzung. Siemens verkaufte das Werkgrundstück 1973 an die Metalu GmbH, die die alten Bauteile abräumen und mit neuen Anlagen besetzen ließ. – Rechts und links des Zitadellenweges und der Straße Am Juliusturm sind die alten militärfiskalischen Fabriken fast ganz verschwunden und haben neuen Fabriken Platz gemacht, die friedliche Dinge produzieren. An die militärische Vergangenheit Spandaus erinnert hier nur noch den Nachdenklichen die in dichtem Grün hinter zwei Wasserarmen versteckte Zitadelle, von der nur der alte Juliusturm die Baumwipfel überragt. Hier sind wir nun am Ende unseres imaginären Spazierganges durch Spandau und Siemensstadt angelangt und rufen mit Blick auf das baldige 750jährige Jubiläum der Stadt allen Spandauern zu:

Spandau allezeit voran!

Für entgegenkommende Unterstützung und freundliche Mithilfe danken Verfasser und Verlag Herrn Dr. Schneider von der Berliner Leitung der Siemenswerke, Herrn Steinmüller, dem Leiter des Kunstamtes Spandau, und ganz besonders Herrn Arne Hengsbach, der sein umfassendes Wissen über Spandau unermüdlich und bereitwillig zur Verfügung stellte. Ganz herzlich danken möchte ich meiner Frau und meiner Tochter für ihre mithelfende Anteilnahme.
Weiterhin danken Verfasser und Verlag den nachfolgend genannten Archiven, Instituten und Personen für die freundlich gewährte Unterstützung mit Bildvorlagen:
Amerika-Gedenkbibliothek: S. 15 u., 22 o.;
Bildarchiv der Staatsbibliothek Preußischer Kulturbesitz: S. 35 u., 65 u.;
Heimatmuseum Spandau: S. 8, 9 o., 10 u., 11, 13, 19, 21 o., 22 u., 23, 26 u., 27, 29, 30, 36, 38, 39, 40, 41, 42, 43, 50 o., 52, 55 o., 57, 60 o., 63 o., 66, 67 u., 101;
Kurt Lamprecht: S. 24, 25, 34;
Landesbildstelle Berlin: S. 7, 37, 58 u., 61;
Schützengilde Spandau: 47 u.;
Siemens-Pressebild: S. 27 u., 35 o., 47 o., 49, 51 o., 64 u., 67 o., 69, 70, 71, 72, 73, 74, 75, 76, 77, 78 o., 79, 80, 81, 82, 83, 84, 85, 86, 87, 88, 89, 90, 91, 92, 93 u., 94, 95, 96, 97 o., 98, 99, 100, 101 u., 102 o.
Gisela Steinberg: S. 10 o., 12, 56 o.;
Ullstein-Bildarchiv: S. 32 u., 42 u., 48, 55 u.;
Alle übrigen Bilder stammen aus dem Archiv des Verfassers.
Die Vorlage für den Stadtplan aus dem Jahre 1911 auf den Innenseiten des Schutzumschlages stellte freundlicherweise das Landesarchiv Berlin zur Verfügung.

Neben zahlreichen Artikeln in Zeitungen und Zeitschriften wurden folgende Werke herangezogen:

Handbuch der historischen Stätten Deutschlands, Band X, Berlin und Brandenburg. Stuttgart 1973 – Aufteilung und Bebauung des Geländes der Reichsforschungssiedlung in Spandau-Haselhorst. In: Monatsheft zur deutschen Bauzeitung, Berlin 5. 1929 – Aus der Geschichte der Stadtteile Siemensstadt und Haselhorst. Spandauer Heimathefte 1. Berlin 1954 – Karl Baedeker: Berlin-Spandau. Freiburg 1977 – Die Bauwerke und Kunstdenkmäler von Berlin. Stadt und Bezirk Spandau. Berlin 1971 – Berliner Statistik. 27. Jg., Heft 5. Berlin 1973 – Berlin und seine Bauten. Teil III Bauwerke für Regierung und Verwaltung. Berlin, München 1966 – Paul Busch: Zeitgemäße Grundstückspolitik der Stadt Berlin. Berlin 1929 – Hans Dominik: Das Wernerwerk von Siemens & Halske AG. Berlin-Nonnendamm. Berlin o. J. – Erster Verwaltungsbericht der neuen Stadtgemeinde Berlin 1920–1924 – Festschrift anläßlich des 150jährigen Bestehens der Johannisloge Victor zum Goldenen Hammer der Großen Landesloge der Freimaurer von Deutschland. Berlin 1973 – Festschrift der Evangelischen Melanchthon-Kirchengemeinde Berlin-Spandau zur 75-Jahr-Feier ihrer Kirche im Jahre 1968. Berlin – Festschrift der Gartenstadt Staaken eGmbH. Berlin 1964 – Festschrift zur Eröffnung der Neubauten der Firma M. K. Sternberg. Spandau 1927 – 15 Jahre Gartenstadt Staaken 1914–1929. Düsseldorf 1929 – 50 Jahre Charlottenburger Baugenossenschaft 1907–1957. Berlin – Geschichte der Schützengilde zu Spandau. Spandau 1934 – Das Haus Siemens 1953 – Peter Helbig/Gerd Gnewuch: Pichelsdorf. Berlin 1971 – Arne Hengsbach: Am Ostufer der Havel. In: Der Bär von Berlin. Jahrbuch des Vereins für die Geschichte Berlins. 25. Folge 1976. Ders.: Die Hauptstadt u. die Havelstadt. In: Mitteil. d. Vereins f. d. Gesch. Berlins, 74. Jg., 1./3. 1978. Ders.: Havel und Spree – Spandaus Lebensadern. In: Jahrbuch für brandenburgische Landesgeschichte. 12. 1961. Ders.: Kladow um 1900. In: Jahrbuch für brandenburgische Landesgeschichte. Berlin 19. 1968. Ders.: Klosterfelde. In: Mitteilung. des Vereins für die Geschichte Berlins. 67. Jg. 2. 1971. Ders.: Die Siemensstadt im Grünen. Berlin 1974. Ders.: Siemensstädter Verkehrsgeschichte. In: Jahrbuch für brandenburgische Landesgeschichte Berlin 25. 1974. Ders.: Spandauer Straßen erzählen Geschichte. Berlin-Spandau 1957. Ders.: Station der »Europamüden«. In: Mitteilung. des Vereins für die Geschichte Berlins. 14. 1974. Ders.: Zwischen Spandau und Berlin. In: Der Bär von Berlin. Jahrbuch des Vereins für die Geschichte Berlins. 1955. – Hans Hertlein: Siemensbauten, 2., erweiterte Auflage, Berlin o. J. – Karlheinz Kens/Hanns Müller: Die Flugzeuge des Ersten Weltkrieges 1914–1918. München 1974 – Franz Kohstall: Geschichte der katholischen Pfarrgemeinde St. Marien zu Spandau. Spandau 1924 – Harry Methling: Mittelraddampfer „Prinzessin Charlotte von Preußen", das erste in Deutschland gebaute Dampfschiff. In: Jahrbuch für brandenburgische Landesgeschichte. Berlin 12. 1961 – Hans-Herbert Möller: Die ehemalige Moritzkirche zu Spandau. In: Jahrbuch für brandenburgische Landesgeschichte. Berlin 13. 1962 – Adriaan von Müller: Wo lag Alt-Spandau? Berlin o. J. – Kurt Pierson: Hundert Jahre Orenstein & Koppel 1876–1976. In: Mitteilung. des Vereins für die Geschichte Berlins. 73. Jg. 1. 1977 – Kurt Pomplun: Berlins alte Dorfkirchen. Berlin 1973 – Eugen Ludwig Rapp: Die mittelalterlichen hebräischen Epitaphien aus der Zitadelle von Spandau 1244–1347. In: Jahrbuch für brandenburgische Landesgeschichte. Berlin 23. 1972 – Das Schaltwerk-Hochhaus in Berlin-Siemensstadt. In: Deutsche Bauzeitung. Berlin 77. 1928 – Johannes Schultze: Der Spandauer Knüttelkrieg. In: Jahrbuch für brandenburgische Landesgeschichte Berlin 18. 1967 – Daniel Friedrich Schulze: Zur Beschreibung und Geschichte von Spandow. 2 Bände. Spandau 1913 – Georg Siemens: Geschichte des Hauses Siemens. 3 Bände. München 1947 – Die neue Siemensbahn. In: Deutsche Bauzeitung. Berlin 102/103. 1929 – Siemensstadt. Bilder aus Vergangenheit und Gegenwart. Berlin 1935 – Spandau, eine kleine Heimatgeschichte. Spandau 1957 – Spandau, ein märkisches Stadtbild. Spandau 1913 – Willy Spatz: Der Teltow. 3. Teil. Berlin 1912 – Statistisches Taschenbuch der Stadt Berlin. 1924 – Günter Stein: Wanderung zu den Befestigungen im Osten von Spandau. In: Mitteilungsblatt der landesgeschichtlichen Vereinigung für die Mark Brandenburg. Berlin 15. 1954 – P. Tramp: Der Schwanenkrug, seine Geschichte und seine Eichen. Berlin o. J. – Urkundliche Geschichte der Stadt und Festung Spandau von Entstehung der Stadt bis zur Gegenwart, bearbeitet von Otto Kuntzemüller. Berlin-Spandau 1881 und 1929 (2. Aufl.) – Verwaltungsbericht der Bezirksverwaltung Spandau. 1932–1936. Berlin-Spandau 1936 – Verwaltungsbericht der Stadt Berlin 1924–1927. Berlin 1930 – Sigfrid v. Weiher: Siemens – eine Pionierfirma Berlins. In: Mitteilung. des Vereins für die Geschichte Berlins. 69. Jg. 11. 1973 – Werner Siemens und sein Werk 1936 – 10 Jahre Wiederaufbau der Berliner Stromversorgung. Berlin 1958